湛庐CHEERS

与最聪明的人共同进化

HERE COMES EVERYBODY

全新版
The ALL NEW

Don't Think of an Elephant!
别想那只大象

[美] 乔治·莱考夫 著
George Lakoff

阎佳 译

浙江人民出版社
ZHEJIANG PEOPLE'S PUBLISHING HOUSE

GEORGE
LAKOFF
乔治·莱考夫
认知语言学之父

认知语言学的创立者

在 2007 年汤森路透发布的“人文学科作者被引用率最高的 35 人”中，乔治·莱考夫榜上有名。在这个名单当中，还有弗洛伊德、康德、海德格尔、维特根斯坦、乔姆斯基等。

乔治·莱考夫在印第安纳大学学习语言学，1966 年获得博士学位后去哈佛大学任教。20 世纪 70 年代，莱考夫开始了与认知科学和神经生物科学相结合的新型语言研究。80 年代，乔治·莱考夫与马克·约翰逊（Mark Johnson）、罗纳德·兰盖克（Ronald Langacker）一同创立了认知语言学，他们提出：语言的创建、学习及运用，都必须能够通过人类的认知加以解释，因为认知能力是人类知识的根本。

莱考夫是加州大学伯克利分

校的认知科学和语言学特聘教授，圣塔菲研究所科学委员会委员，国际认知语言学协会主席，认知科学学会理事会成员，并在加州大学伯克利分校国际计算机科学研究所与杰尔姆·费尔德曼（Jerome Feldman）共同主持语言神经理论项目（Neural Theory of Language Project）。

乔治·莱考夫的第一部认知语言学著作《我们赖以生存的隐喻》（*Metaphors We Live By*）已被译为几十种语言，在各国语言学界广为传述。

美国总统候选人的“语言教练”

“要是民主党早几年读了乔治·莱考夫的作品，我们恐怕不会丢了在白宫的权力。”2004 年美国总统候选人、美国民主党前主席霍华德·迪安（Howard Dean）说。

20 世纪 80 年代中期以后，乔治·莱考夫一直运用认知语言学研究政治，尤其是公共政治辩论的框架构建问题。影响力深远的《道德政治》（*Moral Politics*）一书就是他的作品。2004 年美国总统竞选时，民主党候选人霍华德·迪安将乔治·莱考夫的《道德政治》（第二版）作为指导手册，并多次邀请他参加民主党核心成员会议。《别想那只大象》则被认为是“进步派的基本指南”。

乔治·莱考夫也是美国左翼智库洛克里奇研究所（Rockridge Institute）的主要研究员之一。

挑战语言学泰斗

乔治·莱考夫曾向语言学界最权威的专家乔姆斯基发起挑战，还引发了两个阵营语言学家的一场著名大辩论，这场辩论被称为“语言学大战”。

其实，莱考夫最初学习语言学时，学的正是语言学界的主流理论：乔姆斯基的转换生成语法理论。到了 20 世纪 60 年代末期，莱考夫成为生成语义学派的主要成员，提出深层的语义结构才是理解语言的核心，反对乔姆斯基的普遍语法学。莱考夫说乔姆斯基声称语法和语义是各自独立的，而乔姆斯基则反驳了莱考夫的这种说法，他举了一些自己著作里谈及语法与语义之间关系的例子，还进一步宣称，莱考夫“根本不懂自己在讨论什么”。

语言学界的争论一时很难盖棺定论，但争论必将推动学科的前行。

序 言

重温框架的含义，理解最新的时代

2004 年，本书第一版刚问世的时候，几乎没有人听过或想过，更不曾讨论过“怎样为社会和政治议题建立框架”。“建立框架”是一个无人知晓也无人讨论的概念，游离于框架语义学（frame semantics）的学术领域之外。

《别想那只大象》成为畅销书之后，这一切发生了改变。如今，怎样为议题建立框架的讨论，在美国各级媒体上已司空见惯。数百万人在讨论议题时会听到“框架”这个词，而且基本理解了它的含义。这对于本书而言，算是很了不起的成就了。

但《别想那只大象》还有一些更长远的目标。2004 年，在为议题建立框架方面，共和党的表现比民主党好得多。1994 年，共和党成为美国国会的多数党派，他们在建立框架方面的优势发挥了巨大的作用。我和其他一些人希望，从 2004 年开始，随着人们广泛地理解框架的运作原理，民主党能够扭转这一局面。

到了2008年的总统选举，贝拉克·奥巴马率领民主党运用更加出色的框架和同样出色的草根战术（当然，他本身就是一位优秀的候选人），横扫白宫和国会。我曾希望，民主党的框架优势能够继续保持下去。

可惜事与愿违。2009年，几乎就在奥巴马第二次当选总统之后，共和党重新获得了公共话语中的框架优势，这在国会及美国各州议院的茶党[①]占据优势的过程中起到了主要作用。此刻，共和党的框架视野不只放到了州一级的议会，甚至还瞄准了各个城市的议会。

那这些年发生了些什么呢？

本次《别想那只大象》的全新版不仅将重温框架是什么及怎样运作，还有一个新的目标：解释美国在过去的十几年里到底发生了些什么，民主党为什么再一次打输了框架之战，我们又能为此做些什么。

这是一项艰巨的任务。让我们着手干起来吧。

乔治·莱考夫

加利福尼亚州伯克利

① 茶党（Tea Party）不是一个政党而是草根运动，发源于1773年，是革命的代名词。2009年美国再次兴起的茶党反映了部分民众的反奥巴马情绪。——编者注

目 录

测一测

你对语言表达是否敏感?

1. 在辩论过程中，为自己的话题构建框架有什么作用?

A. 为自己的观点创造源源不断的金句

B. 强烈地反驳对方的观点

C. 抢占话语权，清晰、有效地表达自己的观点

D. 彻底改变听众对常识的认知

2. “税收缓解”这种说法表达了什么意思?

A. 国家应该加重税收

B. 税收是一种痛苦

C. 税收是福利的来源

D. 缴税是公民向国家应尽的义务

3. 以下哪种说法没有使用隐喻?

A. 家国情怀

B. 开国之父

C. 黄河母亲

D. 知心姐姐

4. 以下哪个选项是系统性因果关系?

A. 你拿起一杯水喝了一口，杯中的水少了

B. 老王经常吸烟，得了肺癌

C. 妈妈转动烤箱的旋钮，火苗燃起来了

D. 你朝着窗户扔出一块石头，玻璃碎了

扫码下载“湛庐阅读”App，
搜索“别想那只大象”，
获取问题答案。

引 言

重建框架，就是变革社会

我们用自己的大脑思考，没有别的选择。从表面上看来，有些政治家似乎是用身体的其他部分思考，但其实他们同样是在用大脑思考。

为什么这对政治来说很重要呢？因为所有的想法都要靠大脑里的神经回路来执行，我们只能理解大脑允许我们理解的东西。这些神经结构中最深层的部分相对固定、不易改变，而且我们基本上对它们的活动和影响毫无意识。

事实上，98%的大脑活动都在意识层面之下。出于这个原因，到底是大脑里的什么东西决定了我们最深刻的道德、社会和政治信念，我们不可能完全知道。甚至可以说，其中的大部分我们都不知道。然而，我们的行为却恰恰建立在这些意识基本察觉不到的信念上。

我所研究的领域（认知科学）已经找到了研究思维的意识和无意识模式的方法。身为认知科学家，我的工作是帮助人们意识到无意识，找出决定我们的社会和政治行为的因素，并告知全世界。我相信，这种知识可以带来积极的社会和政治变革。为什么呢？因为人们大脑中发生的事情非常重要。

我们必须进入神经层面才能理解政治吗？在某些情况下，是的。进入大脑深层太重要了，等有必要的时候，我们会对大脑展开讨论。但总的来说，我们可以从心智的角度，来研究对政治而言最重要的大脑结构，这就叫作“框架”。

什么是框架

框架是塑造我们看待世界方式的心理结构。因此，框架也塑造了我们追求的目标、我们制订的计划、我们行为的方式，以及我们行动的好坏结果的认定。在政治上，框架塑造了我们的社会政策及我们用来执行政策的制度。改变我们的框架，就是改变所有这一切；重建框架，就是变革社会。

框架，是你看不见也听不到的东西。它属于认知科学家称为“认知无意识”（cognitive unconscious）的环节，是我们大脑里无法有意识地访问，只能根据其结果来认识的结构。我们所谓的常识就是由无意识框架所产生的无意识的、自发的、毫不费力的推论。

我们还通过语言来认识框架。所有字词都是相较于概念框架来进行定义的。你听到一个词，它的框架就在你大脑里被激活了。正如本书的书名所示，就算你是在否定一种框架，同样也是在激活该框架。如果我对你说“别想大象”，你就会不由自主地想到大象。

尽管我最初是在认知语言学研究中发现这一点的，但它已开始得到神经科学的证实。猴子抓住一个物体，其腹侧前运动皮层中的一组神经元（负责编排动作，但并不直接让身体运动）就被激活了。而如果猴子被训练不去抓物体，其此类神经元里的大多数会遭到抑制，但用于抓握的同类神经元的一部分仍然打开着。也就是说，想主动地不去抓握，就需要先想去抓握什么。

否定框架不仅会激活框架，而且处于激活状态的框架越多，它就越强大。政治话语道义分明：如果你使用对方的语言和框架来否定对方阵营里的某个人，那么你就激活了他们的框架，也就在听你说话的人们大脑里强化了对方的框架，从而破坏了自己的观点。对于持进步立场的人来说，这意味着，不要去使用保守派的语言以及该语言所激活的框架。这还意味着，你应该用自己的语言，而不是对方的语言来说出你所相信的东西。

重建框架

如果我们成功地为公共话语重建了框架，就改变了公众对世界的看法，也就改变了人们眼中视为常识的东西。由于语言激活框架，因此建立新的框架也需要新的语言。不同的思考，需要不同的说法。

重建框架并不轻松、简单，它不是要寻找什么神奇的词汇。框架是观念，不是口号。重建框架是要让我们以及志同道合者的本就无意识相信的事情进入意识，并不停地重复它，直至它进入正常的公共话语中。这不可能在一夜之间发生，而是一个持续的过程。它需要重复、专注和奉献。

为了实现社会变革，重建框架需要公共话语有所改变，而这又需要建立起一套沟通系统。美国的保守派已经建立起一套非常广泛和复杂的沟通系统，而进步派却尚未建立同类的体系。进步人士需要理解何为有效的沟通系统，并着手开发之。在没有沟通系统的条件下重新建立框架，是得不到任何成果的。

正如我们在本书中将要讨论的，重建框架的核心是诚实和正直，它是斡旋与操纵的对立面。重建框架是要把我们信念和认识模式里最深层的东西带到意识里。要学习表达我们真正相信的东西，而且，我们的表达方式能让那些与我们有着共同信念的人理解自己对什么最深信不疑，并为了这些信念而采取行动。

建立框架，也是为了理解我们最不认同的那些人。数以百万计的美国人投票给了保守派，但他们中的大多数人不是坏人，也并不蠢。只不过，他们对世界有着不同的理解方式，对何为真理有着不同的看法。

所有的政治都事关道德

当政治领导人提出政策或者建议我们应该如何行动的时候，这隐含着一种假设：该政策或者行动是正确的，而不是错误的。没有政治领导人会说："你应该这样去做，尽管它是错的、纯粹邪恶的，但你去做吧。"没有政治领导人会以"这一政策无关紧要"作为理由提出这一政策。他们都假设自己的政策是正确的，但问题在于，不同的政治领导人对于什么是正确的政策有着不同的看法。

所有的政治都事关道德，但不是人人都本着相同的道德观来行事，而且很多道德信仰是无意识的。很多时候，我们连自己最深层的道德观点都意识不到。我们后面会看到，美国的政治分歧是一种道德上的分歧。我们需要了解这一道德分歧，弄清楚进步派和保守派的道德系统各自是什么。

最重要的是，许多人在生活的不同领域中，奉行着不同且不一致的道德体系，这有个专门的术语叫作"双重概念论"（biconceptualism）。这里，大脑变得更加关键了。在大脑中，每一套道德体系都是一套神经回路系统。不一致的系统怎样在同一个大脑里流畅地运转呢？答案分为两个方面：一是相互抑制，即一套系统打开时，另一套系统关闭；二是神经绑定到不同的议题上，即每一个系统针对不同的事件运转。

双重概念论是政治的核心，理解它的运作方式至关重要。贯穿本书，我们都将对它进行讨论。

什么是理性

什么是理性？保持理性意味着什么？大脑和认知科学从根本上改变了我们对这两个问题的认识。遗憾的是，有太多的进步人士接受的是错误、过时的理性理论，这套理论的框架、隐喻思想和情感都跟理性毫无关系。这使得许多进步人士认为，事实（也只有事实）才能让你获得自由。于是，进步人士不断地罗列事实。

事实确实无比重要，但如果想让事实变得有意义，就必须从道德重要性的角度来对其加以框定。请记住，你只能理解大脑中的框架允许你理解的东西。如果事实与你大脑中的框架不吻合，那么，大脑中的框架就会保留下来，事实则会遭到忽视、批评或贬低。我们将在稍后的篇幅里详细探讨这些框架。

为了迎合大众的需求，这本书简短而精炼。如有读者希望获得更系统、更学术性的知识，可以参考我的另外几本书：《道德政治》、《思考点》（*Thinking Points*）、《谁的自由》（*Whose Freedom*）、《政治思维》（*The Political Mind*），以及我与伊丽莎白·韦林（Elisabeth Wehling）合著的《小蓝书》（*The Little Blue Book*）。如果还有读者喜欢读那种写得清清楚楚、厚达600页的学术大部头，以及上百篇论述政治和学术主题的文章，可以上网去寻找我的书单。不过，如果你是初次接触框架，只希望获得概略的信息，那就不妨从本书入手吧。

对于整个美国来说，理解进步价值观至关重要。如果进步人士想要在将来获胜，就必须为美国指明一幅清晰的道德愿景，一幅所有进步人士都认同的道德愿景。它不能仅仅罗列事实、政策和计划，而要展现出一种道德选择，这种选择既契合美国的传统，也是美国人引以为傲的一切的基础。

这本《别想那只大象》的全新版，就本着这一愿景而写。愿各位喜欢！

The ALL NEW
Don't Think of an
Elephant!

PART 1

控制语言就是控制思想

01
控制话语权的两大利器：框架和隐喻

框架的力量

我在加州大学伯克利分校的认知科学基础课上讲框架时，总是先让学生做一个练习。练习内容是这样的：别想大象！你做什么都行，就是别想大象。我还从来没发现有学生能做到这件事情。每一个词都跟“大象”这个词一样唤起了框架，而框架又涉及一种形象或者其他类型的知识：大象体格庞大，有蒲扇般的大耳朵、长长的鼻子，马戏团里有大象，等等。这个词的定义与该框架相关联。每当我们否定框架，也就唤起了框架。

尼克松在经历了惨痛的教训后才发现了这一点。水门事件期间，尼克松承受着辞职的压力，在电视上向公众发表演说。他站在所有人面前说：“我不是骗子。”结果，人人都以为他是个骗子。这给了我们一条有关框架的基本原则，也就是你在和对方争论时，切莫使用他们的语言。他们的语言确立了一个框架，但那绝不会是你想要的框架。

我给你举个例子吧。自从乔治 · W. 布什进驻白宫那天起，白宫里就开始传出“税收缓解”（tax relief）[①] 的说法。自此以后，这种说法几乎天天都会重复，介绍小布什政策的媒体会用它，然后它慢慢地成为公共话语的一部分，甚至一些自由派人士也开始用它。

你想想“缓解”这个词确立的框架吧。要有“缓解”，就必然有痛苦，也就必然有承受痛苦的一方和消除痛苦的人，而消除痛苦的人就成了英雄。如果有人想要阻挡英雄，那这个人就成了阻挡“缓解”的恶棍。

一旦“税收”这个词后面加上了“缓解”，就得到了一个带有隐喻意味的结果：税收是一种痛苦。带走痛苦的人是英雄，阻止他的人是坏蛋。这就是框架，由“痛苦”和“英雄”这类概念构成。唤起这一框架的语言出自白宫，进入了新闻通稿，进入了所有的电台、电视台和报纸。很快，连《纽约时报》也用起“税收缓解”的说法来了。它不仅出现在福克斯电视台（Fox），还出现在美国有线电视新闻网（CNN）、美国全国广播公司（NBC）。它出现在每一家媒体，因为它是“总统的税收缓解计划”。很快，民主党人也用起了“税收缓解”这种说法，搬起石头砸了自己的脚。

这一做法效果显著。我们看到，进步派采用了保守派的税收观点，推出了一套“针对中产阶级税收缓解”的计划。进步派接受了保

① 这个词组应意译为“税收减免”，但这里为说明其用词特点，保留了字面意思。——译者注

守派的框架。保守派设下了一个陷阱：他们的用词把你扯进了他们的世界观。

这就是框架的作用，让语言吻合你的世界观。它不仅仅是语言，更重要的是观念，语言则承载、唤起这些观念。

这里还有一个值得注意的保守派建立框架的例子，来自乔治·W. 布什于 2005 年 1 月发表的国情咨文。国情咨文里有句话用了一个了不起的隐喻。小布什说："捍卫美国，我们不需要举手请准（permission slip）。""举手请准"是怎么回事？他可以简单地说"（捍卫美国）我们不需要谁批准（permission）"。但说"举手请准"，意思就不一样了。大家不妨思考一下，你什么时候需要举手请准？什么人需要举手请准？人们会向谁"举手请准"？最后，想一想这几个问题之间的关系。如果你想理解当代的政治话语，这些都是你需要思考的问题。趁着你正在思考，我再给你提几个其他的问题。

我开始从事政治工作就缘于自问的一个问题。那是在 1994 年的秋天，我正在看竞选演讲，读共和党的"美利坚契约"（Contract with America）。我问自己：保守派在诸多问题上的立场一定是彼此相关的吗？如果你是保守派，你对堕胎的立场跟你对税收的立场有什么样的关系呢？它跟你对环境的立场有什么样的关系，还有外交政策呢？这些立场是怎样彼此融合的？反对枪支管制和支持侵权法改革有什么关系？这种联系的意义在哪里？我搞不明白。我对自己说，共和党可真是些怪人，他们的主张合在一起居然没有意义。但突然之间，我冒出了一个尴尬的念头。在上述每一个问题上，我都跟保守派持相反立场。那么，我对各项议题的立场之间又存在怎样的关系呢？我同样搞不明白。对于一个从事认知学和语言学研究的人来说，这简直尴尬透顶。

隐喻的力量

最终，答案还是浮出了水面。它来自一个完全意外的地方——家庭价值观研究。我曾问自己，为什么保守派这么爱谈家庭价值观？为什么有些价值观算是“家庭价值观”，有些就不算？为什么他们的候选人在总统竞选、议员竞选等活动中，眼睁睁地看着世界受到核扩散和气候变暖的威胁，却要大谈特谈家庭价值观呢？

此时，我想起我有个学生在几年前写了一篇论文，揭示出人们都喜欢把“国”隐喻为“家”。例如，美国有“开国之父”，有“美国革命女儿会”（Daughters of the American Revolution）[①]，人们会说“送儿子们”上战场。这样的隐喻很自然，因为我们通常会从家庭与社区等小群体的角度，去理解国家等大型社会群体。

既然隐喻把“国”和“家”联系到了一起，我进而提出下一个问题：如果存在两种不同的国家认识，那这是否意味着它们来自对家庭的两种不同认识呢？

① 美国一家志愿者服务组织。——译者注

我回过头去研究了一番，把保守派和进步派的不同立场做了分析。我说："让我们把它们放进方向相反的隐喻里，看看会有什么样的结果。"我把对国家的两种不同观点放进去，结果弹出了两套不同的家庭模型：严父式家庭（strict father family）和抚养式家庭（nurturant parent family）。我想你应该知道保守派和进步派各自对应哪个。

我第一次这么思考的时候，正好有人要我去语言学大会做个演讲，于是我打算谈谈自己的这项发现。听众里有两个人既是语言学家，也是我的好朋友。散会之后，他们把我拉到一边，说："你说的这个家庭的严父式模型，它很接近实质，但并不完全正确。我们会帮你把细节理清楚。不过，你应该把所有的情况都了解一下。你读过杜布森的书吗？"

我问："谁？"

"詹姆士·杜布森（James Dobson）。"

我问："他是谁？"

"你是在开玩笑吧。他的节目在美国 3 000 多家广播电台上播出呢。"

我说："呃……至少在美国国家公共广播电台（NPR）上没有他吧。我从没听说过他。"

他们笑说："嗯……大概是因为你住在伯克利[①]吧。"

① 伯克利是美国民主党大本营。——译者注

“我该去哪儿……呃，他写东西吗？”

“噢，”他们说，“写啊！他的书卖了几百万本，他最经典的作品叫《勇于管教》（*Dare to Discipline*）。”

我的朋友们的建议是对的。我听从他们的指点，来到本地的书店，在那儿我发现一切都明明白白地摆着：严父式模型的一切细节。杜布森在当时是一个有影响力的保守派政治人物，拥有价值一两亿美元的生意，在美国各地的报纸上都设有专栏，读者众多。他甚至还有专属的邮政编码，因为写信订购他的书和小册子的人太多了。他教人怎样利用严父式模型养育孩子，并且深刻地理解这与右翼政治、福音派信仰、自由放任经济、新保守派对外政策之间存在怎样的联系。

严父式家庭模型

严父式模型始于一整套的假设：世界是一个危险的地方，而且永远如此，因为外面有魔鬼。世界也很难对付，因为竞争激烈，总是会有赢家和输家。错与对都是绝对的。孩子生下来就不好，因为他们只想做自己感觉好的事情，而不愿意做正确的事情。因此，我们必须把他们改造好。这样的世界需要强大而严厉的父亲，他能够：

- 在危险的世界里保护家人。
- 在危险的世界里赡养家人。
- 教孩子们明辨是非。

孩子需要做的则是服从，因为严厉的父亲是明辨是非的道德权威。严父式模型进一步假设，教孩子服从（也就是明辨是非）的唯一途径，就是他们一做错事，就给予惩罚，痛苦的惩罚。这包括狠揍孩子，一些保守派的育儿专家甚至建议用棍棒或皮带打孩子的屁股。有些学者建议家长从孩子出生起就开始这么做，但是杜布森算比较开明，他在书里写道："打 15 个月或 18 个月以下婴儿的屁股，是不可取的。"

体罚背后的理由如下：孩子做了错事之后，如果他们受了体罚，就能学会不再这么做。这也就意味着，他们会培养起自律精神，不再做错事，以后会变得更顺从，行为更道德。如果不体罚做错事的人，世界就会下地狱，再也不会有道德可言。

这种内在的自律精神还有一个辅助作用：它是在竞争激烈的苦难世界里获取成功的必需品。也就是说，如果人有纪律，在这片充满机会的土地上追求自我利益，他们就会变得成功、独立。就这样，严父式模型把道德与成功挂起了钩。讲究道德，实现成功，靠的是同一种自律精神。两者的连接点是个体责任和追求自我利益。有了机会、个体责任和纪律，追求自我利益应该能够促使你成功。

杜布森很清楚严父世界观和自由市场资本主义之间的关系。两者的纽带是追求自我利益的道德，也是亚当·斯密的资本观的另一版本。亚当·斯密说，如果每个人都追求自己的利益，那么所有的利益自然而然地就会被无形之手推至最大化。追求自己的利益，同时也是在帮助所有人。

这又与把福祉视为财富的常见隐喻相关。比方说，如果我帮了你的忙，你会说“我欠你一份人情”或者“我亏欠了你”。帮别人做好事在隐喻中就像是给了别人钱，因此他“欠”了你，而且会问“我要怎样才能‘还’你的情”。

把这个隐喻应用到亚当·斯密的“自然法则”当中，就是如果人人都追求自我利益，那么靠着无形之手和自然，所有人的自我利益都将实现最大化。这也就是说，追求自我利益符合道德，而不这么做的人则有一个外号，叫作“空想改良家”（do-gooder）。空想改良家想要帮助别人，不追求自己的利益，还挡了那些追求自我利益者的道。因此，空想改良家搞坏了体制。

在这个模型中，“好人”也有定义。一个“好人”、一个道德的人，就是自律、顺从合法权威、明辨是非、知道对错、追求自我利益以实现成功和独立的人。好孩子长大以后就要成为这样的人。坏孩子不学习自律，不能依道德行事，不做正确的事，因此他们没有足够的自律来实现成功。他们不能照顾自己，因此变得依赖他人。

好孩子长大以后，要么学会自律、走向成功，要么就始终学不会。从这时开始，严父绝不会干涉他们的生活。

从政治上来看，这就转换成了不要政府插手。想想这一切对社会福利项目意味着什么。把不是一个人赚来的东西给他是不道德的，因为这样一来，他们不但没培养起自律精神，还滋生了依赖性。这套理论认为，社会福利项目不道德，因为它们养成了人的依赖性。那么，严父式模型对预算有什么看法呢？假设国会里有许多进步派人士认为社会福利项目应该存在，而你则认为社会福利项目不道德，你会怎样阻止那些不道德的人呢？

在严父框架下，这一切变得十分简单。你要做的就是用减税来奖励好人，也就是那些成功人士。因为成功表明他们有纪律、讲道德，而且你还要多多减税，这样政府就没钱留给社会福利项目了。从这套逻辑来看，赤字是一件好事。正如格罗弗·诺奎斯特（Grover Norquist）所说的，赤字“饿死了野兽”。

举个例子，由于共和党人既不答应削减税收漏洞，也不答应提高税收来为之买单，于是2013年的全面削减政府项目“预算扣押”（sequester）得以实施。以下内容来自2013年2月20日《华盛顿邮报》上的一篇文章，列举了美国一些政府机构削减预算的例子：

- 美国国家卫生研究院：削减16亿美元。
- 美国疾病控制与预防中心：削减约3.03亿美元。
- 启蒙计划（Head Start）：削减4亿多美元，将5.7万名儿童踢出该项目。
- 联邦应急管理局救灾预算：削减9.28亿美元。
- 公共住房支持：削减约17.4亿美元。
- 美国食品药品管理局：削减2.09亿美元。
- 美国国家航空航天局：削减8.96亿美元。

- **特殊教育：**削减 8.27 亿美元。
- **美国能源部用于保护核发电站的项目：**削减 9.03 亿美元。
- **美国国家科学基金会：**削减约 3.61 亿美元。
- **美国国务院外交部门：**削减 6.65 亿美元。
- **全球健康项目：**削减 4.11 亿美元。
- **核管理委员会：**削减 5 300 万美元。
- **美国证券交易委员会：**削减 7 400 万美元。
- **美国大屠杀纪念馆：**削减 300 万美元。
- **美国国会图书馆：**削减 3 000 万美元。
- **专利和商标局：**削减 1.48 亿美元。

保守派认为这是在削减“浪费性开支”，也就是在暂停“糟糕”的社会福利项目。

保守派反对一切政府管制行为吗？也不尽然。他们不反对军队，不反对国土安全部，不反对减税，不反对税收漏洞，不反对企业补贴，不反对保守的最高法院。政府有许多方面，他们都真心地喜欢，比如他们不反对政府对行业进行补贴。补贴企业、奖励好人（也就是这些企业的投资者）很好，完全没问题。

但保守派反对扶持和照顾。他们反对照顾普通人的社会福利项目，如儿童早期教育、贫困人口的医疗救助、提高最低工资、失业保险等。他们认为这些都是错的，并试图从道义基础上将其消除。许多自由派人士认为他们是卑鄙、贪婪的疯子，实际情况比这可怕得多——保守派是真心相信这一套的。他们相信这是道德的，并且在全美各地都有支持者。持严父道德立场、认为其适用于政治的人，会相信这是正确的国家治理之道。

我们再花一分钟来想想这对外交政策意味着什么。假设你是一个道德权威，你会怎么对待自己的孩子？你会问他们该做什么、你该做什么吗？当然不，你告诉他们就好了。父亲说什么，孩子就做什么，不准顶嘴。这种沟通是单向的。在白宫也一样，总统不会问你的意见，他说了算。倘若你是能明辨是非的道德权威，同时又拥有权力，那你就会使用它；如果你放弃了自己的道德权威，反而不道德了。

映射到外交政策上，就是你不能放弃主权。保守派认为，美国身为全世界最好、最强大的国家和道德权威，不应该去问其他任何人想要做什么，而应该直接动用军事力量。

这种信念连同它的一整套隐喻，长久以来主导着美国的外交政策。在国际关系学院的研究生班上，流传着一个通俗的隐喻，叫作“理性行为者”。它是大部分国际关系理论的基础，反过来说，它本身又承载着另一重隐喻：每一个国家，就是一个人。因此，所谓的“无赖国家”“友好国家”“敌对国家”的说法才会出现。此外，国家利益的说法也是基于这个隐喻产生的。

在这一套世界观里，本着你的自身利益行事是什么意思呢？它最基本的意思是，你按照有利于你自身健康和强壮的方式行事。既然一个国家就是一个人，那么出于同样的道理，国家健康（经济健康，有着庞大的国内生产总值）又强壮（拥有强大的军事力量）是一件好事。在一个国家里不见得人人都健康，但每一家公司都应该健康，而整个国家则应该有很多钱。整套概念就是这样的。

现在的问题是，如何最大限度地提高你的自身利益呢？这就是整套概念下外交政策的主旨：追求自身利益的最大化。理性行为者的隐喻认为，每一个行为者、每一个人都是理性的，违背自我利益行事是不理性的。因此，人人都采取行动追求自身利益最大化就是理性。接着，再根据国家就是人的隐喻（“友好国家”“无赖国家”“敌对国家”等）说明，世界上既有成年国家，也有儿童国家。成年国家就是工业化的国家，儿童国家则被称为发展中国家或欠发达国家。儿童国家都是落后的国家。我们应该怎样做呢？如果你是一个严厉的父亲，就告诉孩子们怎样发展，告诉他们应该遵守怎样的规则，如果他们做错了事，你就施以惩罚，比如依照国际货币基金组织的政策操作。

联合国里都是些什么人？联合国里大多数成员是发展中国家和欠发达国家，它们都是隐喻意义上的儿童。现在让我们回到国情咨文上面。美国应该在征求联合国的许可之后再入侵伊拉克吗？成年人是不需要举手请准的！“举手请准”这个说法本身就把你放回了小学或中学的背景下，你需要向成年人举手请准去上厕所。如果你是老师或校长，你是执掌权力的人，你是道德权威，就不需要举手请准，相反，其他人需要请求你的许可。2005 年国情咨文里“举手请准”的深意就在这里。听众里的每一名保守派人士都立刻听出了话中的弦外之音。

通过四个强大的字眼——举手请准，小布什为其他国家做了成人—儿童的隐喻。他说："我们是成年人。"他采用了严父世界观。无须强调解释，这根本就是自动诱发的，保守派们一贯喜欢这么做。

最后还要谈到保守派的道德等级观念。正如我们所见，在保守派看来，富人和那些能照顾好自己的人，比穷人和需要帮助的人更有道德。但更大范围内的道德优越感，是保守派思想的核心。其基本观念是，道德高尚的人应该成为统治者。你怎么知道谁更有道德呢？在一个秩序井然的世界里，有道德者排在前头。保守派的等级顺序是这样的：上帝高于人类，人类高于自然，成年人高于儿童，西方文化高于非西方文化，"我们"的国家高于其他国家。这些就是普遍的保守派价值观。

因此，在美国南方各州，不听话的孩子可能会被学校老师用棍子"敲打"；有意堕胎的女性必须忍受尴尬的医疗流程，还得通知她的丈夫和父亲；非裔和西班牙裔美国人的投票权遭到剥夺。简而言之，道德等级是文化战争中隐含的一部分。

抚养式家庭模型

现在，让我来谈谈进步人士对道德的理解以及他们有着怎样的道德体系。它同样源自一种家庭模型，我称之为"抚养式家庭模型"。严父世界观之所以得名，是因为它认为父亲是一家之主。抚养式家长的世界观则是性别中立、不分男女的。

父母双方对抚养孩子负有同等的责任。这里的假设是，孩子天生善良，之后还能变得更好。世界可以变成一个更美好的地方，我们的工作就是努力实现这个目标。双亲的工作是抚养自己的孩子，再让孩子们去抚养下一代。

“抚养”是什么意思？它意味着三件事：共情；承担起对自己和他人的责任；不只为自己，也要为家人、社群、国家和世界做到最好的承诺。如果你有孩子，就必须知道每一声啼哭意味着什么。你必须知道，孩子什么时候饿了，什么时候需要换尿布了，什么时候做噩梦了。你必须好好照顾这个孩子，因为你有抚养他的责任。由于你不照顾好自己就没法照顾别人，因此你必须对自己有足够的照料，才能照顾孩子。

这一切并非易事，凡是养过孩子的人都知道这很难。你必须坚强，必须努力工作，必须非常能干，必须懂很多。

此外，共情、承担对自己和他人的责任、为所有人做到最好的承诺，这三者背后还直接跟形形色色的其他价值观挂钩。

首先，如果你能跟孩子产生共情，你就会保护他。这在政治上也以多种方式体现出来。你希望保护孩子免受什么东西的折磨？犯罪和毒品必在其列。你还想让孩子不搭乘没有安全带的汽车，不抽烟，不吃到含有有毒添加剂的食品。因此，进步派政治重视保护环境、保护工人、保护消费者、保护人们免受各种疾病的折磨。这些都是进步派人士希望政府对本国公民施以的保护。但对恐怖袭击这一议题，自由派和进步派人士不太擅长从保护的角度谈论它。保护是进步派道德体系的一部分，但尚未得到足够清晰的阐述。对于“9·11”事件，进步派人士也没有准备出一整套说法。这很遗憾，因为抚养式家长和进步派人士都很看重保护，它是我们的道德体系的一部分。

其次，如果你能跟孩子产生共情，你会希望孩子生活圆满，做个幸福的人。如果你本身是个不幸福的人，就绝不希望别人比你更幸福。因此，做个幸福、生活圆满的人是你的道德责任。此外，教育孩子做个幸福、生活圆满的人，让他希望别人也都幸福快乐，也是你的道德责任。这是抚养式家庭生活的一部分，也是照料别人的共同前提。

最后，这里还有一些其他的抚养价值观：

- 如果你希望孩子生活圆满，就必须给予他们足够的自由去寻求圆满的生活。因此，自由是一种价值观。
- 如果没有机会，没有成功，你就无法拥有太多的自由。因此，机会和成功是进步派的价值观。
- 如果你真正关心自己的孩子，就会希望自己和其他人都能公平地对待孩子。因此，公平是一种价值观。
- 如果你和孩子联系紧密，能和孩子心意相通，你们就能拥有开放的双向沟通。于是，坦诚交流也成了一种价值观。
- 你住在社区里，社区会影响你的孩子的成长。因此，社区建设、社区服务和一个社区内的合作开始变得有价值。

- 要有合作，你必须有信任；要有信任，你必须有诚实、开放的双向沟通。信任、诚实和开放的沟通，是进步派对社区、对家庭的基本价值观。

这些都是抚养式家长的价值观，也是进步派人士的价值观。身为进步派人士，你们都有这些价值观。你也知道自己有，因为你认可它们。每一项开明进步的政治项目，多多少少都是以这些价值观为基础的。这也是进步派人士的含义所在。

进步派人士分为几种类型。以认知科学家（着眼点放在思维模型上）的观点来看，总共有六种不同的进步派，他们有着截然不同的思维模型。他们都持有进步派价值观，但彼此之间又存在一些明显的分歧。

- **社会经济进步派**认为，一切问题都与金钱和阶级相关。因此，所有的解决方案最终都是经济和社会阶级的解决方案。
- **身份政治进步派**认为，受压迫的群体应该得到自己理应享受的一份利益。
- **环境保护主义者**的思考角度是地球的可持续性、地球的神圣不可侵犯性，以及保护原住民。而且，他们认为全球变暖是我们这个时代一项重大的道德挑战，在它面前，所有其他议题都相形见绌。
- **公民自由进步派**希望保护自由，反对自由受到威胁。
- **精神进步派**是披着宗教或精神外衣的抚养者，他们的精神体验来自与他人及世界的联系，他们的精神实践就是为他人、为社区服务。

- **反独裁进步派**说，世界上有各种站不住脚的权威，我们必须与之对抗，不管对方是大企业还是别的什么人。

所有这六种人都持有抚养式家长道德。但问题在于，许多拥有上述思维模型之一的人，并未意识到自己的思维模型只是某种普遍模型的一种特例，并未看出各类进步派人士的共性。他们往往认为自己的思维模型才是进步派的唯一出路。这很遗憾，它阻碍了持有进步派价值观的人走到一起。进步派必须绕过这些狭隘的想法，因为他们的对立面早已这么做了——茶党的出现。

保守派是如何团结在一起的

20 世纪 50 年代，美国的保守派们彼此憎恨。金融保守派痛恨社会保守派，自由意志主义者跟社会保守派、宗教保守派都相处不好，许多社会保守派不信奉宗教。小威廉 · F. 巴克利（William F. Buckley Jr.）[①]把一群保守派领导者找来坐到一起，探求不同的保守派群体有哪些共同点，并讨论为了更广泛意义上的保守派事业，他们是否愿意达成一致。他们开办了杂志，成立了智囊团，并为之投入了数十亿美元。他们所做的第一件事，也是实现的第一场胜利，就是让巴里 · 戈

① 美国媒体人、作家、保守主义政治评论家。——译者注

德沃特（Barry Goldwater）[1] 在 1964 年获得了共和党的总统候选人提名。虽然最终他在总统选举中输了，但保守派回到了战略桌前，给他们的组织投下了更多的钱。

到了 20 世纪六七十年代，保守派注意到，美国最聪明的年轻人并未变成保守派。在当时，“保守派”是个脏字眼儿。因此，1970 年，路易斯·鲍威尔（Lewis Powell）在尼克松任命他为最高法院大法官的两个月之前（彼时他是美国商会的首席律师），写了一份备忘录，名为《鲍威尔备忘录》（*Powell Memo*）。这是一份决定性的文件。鲍威尔说，保守派必须阻止美国最优秀、最聪明的年轻人走上反商业的道路。并且，保守派必须在大学内外设立机构，必须做研究，必须写书，必须资助向年轻人灌输“正确”思考方式的教授。

鲍威尔进入最高法院后，威廉·西蒙（William Simon）采纳了这些想法。当时，西蒙是尼克松政府的财政部部长。他说服了一些非常富有的人，如库尔斯、斯凯夫、奥林，成立了文化基金会（Heritage Foundation）、奥林教授荣誉头衔（Olin professorships）、哈佛大学奥林研究所，还有其他一些机构。这些机构把工作做得非常好，与之有关的人在各种议题上写的书都比左翼人士多。保守派支持他们这方的知识分子，给他们创造媒体机会。他们在各机构的大厅里设了媒体工作室，上电视很容易。

① 美国现代保守主义运动奠基人。——译者注

过了一段时间，右翼势力投下的研究资金和同期的媒体时间量直接挂起钩来。眼下，右翼势力的大金主科赫（Koch）兄弟正把钱源源不断地投入右翼竞选活动中。

这不是偶然现象。通过智囊团，保守派琢磨出了框架的重要性，也琢磨出了怎样为每个议题建立框架。他们着手研究怎样让这些框架发挥作用，怎样通过媒体吸引到自己的人。他们还创办了培训机构。弗吉尼亚领导力协会（The Leadership Institute in Virginia）一年培训数万名保守派，还在美国各地及其他 15 个国家持续运营项目。经过培训的保守派发言人能获得固定的谈话要点，电台、电视台和其他地方媒体的经纪人也会主动发出访谈邀约。

保守派已经研究出把自己的人团结到一起的方法。每个星期三，格罗弗·诺奎斯特都会将右翼势力各群体的领导人（80 多个人）召集起来开会。他们在一起展开辩论，着手解决分歧，达成一致。倘若他们最终不能达成一致，就进行权衡。整个设想是，这个星期他在他的议题上赢，下个星期我在我的议题上赢。所有人不见得事事都能得偿所愿，但从长远来看，他们得到了自己想要的大部分东西。这样的聚会持续了 20 多年。近年来，每周三的诺奎斯特聚会扩大到了 48 个州。通过美国立法交流委员会（The American Legislative Exchange Council），保守主义思想扩散到了州的层面，这使得保守派人士把持了州议会，取得了国会选区，并靠着美国的少数选民支持，夺下了众议院。

直到2008年奥巴马大获全胜之后，激进的保守派茶党运动才从之前团结的保守派运动中分裂出来。

进步派的迷思

进步阵营至今没能迎头赶上。更糟糕的是，自由主义者和进步派人士相信了一套信条。这些信条的源头很好，但结果却给我们造成了很大的伤害。

迷思1：真相必叫我们自由

信条始自启蒙运动，头一条是这样的：真相必叫我们自由。由于人基本上是理性的动物，因此只要我们把事实告诉人们，他们就自然会得出正确的结论。

但从认知科学来看，我们知道人不是这么思考的。人们通过框架来思考问题，严父式框架和抚养式框架各有一套固定的逻辑。如果你希望人们接受真相，就必须让真相与人们的框架相吻合。如果真相不符合框架，那么留下来的是框架，真相则会被弹开。

神经学告诉我们，人们拥有的每一个概念（构建我们思考方式的长期概念），都由大脑突触使之实例化。概念并不会因为别人讲了事实就能改变。你可以把事实摆在人们面前，但要让人们理解它，事实就必须跟人们大脑里的突触相吻合。否则，事实就会左耳朵进，右耳朵出了。人们不会把事实当成“事实”来倾听和接受，它们只会让人们感到困惑：怎么会有人这么说呢？之后，人们就会给事实标上“不合理”“疯狂”或者“愚蠢”的标签。进步派人士“用事实与保守派对峙”时，情况就是这样的。这几乎没有效果，除非保守派本身拥有能够理解那些事实的框架。

同样，许多进步派在听到保守派的演说时也不能理解，这是因为他们没有保守派的那套框架。他们认为保守派太蠢。

保守派当然不蠢。他们之所以能获胜，是因为他们足够聪明。他们理解人怎样思考，怎样谈话。他们的智囊团专门做这些事，比如支持自己一方的知识分子、写书、把自己的想法公之于众。

当然，有些时候保守派也说谎。当然，说谎的政客不只有保守派，只不过小布什政府说了相当多的谎话，甚至天天说谎。

可我们必须同时认识到，许多让进步派人士火冒三丈的观点，却被保守派视为真理，因为那是按照后者的视角来呈现的。有些事情固然是彻头彻尾的谎言，有些事情却是保守派按照自以为真相的方式来呈现的，我们必须将这两者区分开来。

那么，告诉所有人什么是谎言有用吗？让大家知道保守派什么时候在撒谎，当然不是毫无用处的，也没有害处。但要记住，仅有事实真相并不会带给你自由。

全美各地日复一日地重申全球变暖的科学事实，但它们全落在了保守派没有开窍的脑袋里——他们的脑袋里装满了与这些事实无法契合的框架。

迷思 2：人总是基于自身利益去思考问题

还有一个同样源自启蒙运动的信条，它是这样说的：违背你的自身利益不合情理。因此，一个正常的理性的人，会根据自身利益来进行推理。现代经济学理论和外交政策，都建立在这个假设之上。

丹尼尔·卡尼曼（Daniel Kahneman）和阿莫斯·特沃斯基（Amos Tversky）等认知科学家挑战了这一信条，指出人并不是用这样的方式思考的。尽管如此，大部分经济学仍然以“人天生总是从自身利益的角度思考”这一假说为基础。

这种理性观点对民主党的政治产生了极其重大的影响，民主党认为选民会根据自身利益来投票。每当选民不根据自身利益来投票时，他们总是震惊不已，非常困惑。民主党人一直在问我：“共和党的政策明明深深地伤害了穷人，可穷人怎么还是投票去支持他们呢？”民主党采取的回应措施是，一次又一次地尝试向持保守立场的穷人解释，投票给民主党才是符合其自身利益的。尽管所有的证据都指出这是一个糟糕的策略，但民主党还是拿着脑袋一次次地去撞南墙。

在 2012 年的选举中，民主党人说米特 · 罗姆尼（Mitt Romney）的政策只会对富人有好处。但最贫苦的保守派还是违背了自身利益投票支持共和党，哪怕罗姆尼对贫苦大众说过一些非常不友好的话，还被人录了音。

据说，1/3 的民众认为自己是或者有一天能成为那 1% 的最富裕者之一。出于这个原因，他们通常着眼于未来的自我利益来投票。但其余 2/3 并不梦想着自己有一天会变成巨富之人的民众，为什么仍然投票给共和党呢？显而易见，他们并非根据自身利益在投票，也不是根据未来的自身利益在投票。

人不一定根据自己的利益来投票，而是会根据自己的身份认同和价值观来投票。他们通常会投票给自己认同的人。这并不是说人们从不关心自身利益。只不过，他们在投票的时候投出的是自己的认同。如果他们的认同与自身利益相吻合，他们就会投票选这个。理解这一点很重要。认为人们总是根据自我利益来投票，那就大错特错了。

迷思 3：政治竞选就是营销

进步派还有一个误区是这样的：有一个隐喻说政治竞选活动就是营销，候选人是产品，候选人在各议题上的立场就是产品的功能和质量。由此引出的结论是，民意调查应该能决定候选人就哪些议题展开攻势。在哪一项议题上表明候选人的立场可以得到最高的支持率呢？如果是处方药，那你就在一个大打处方药牌的平台上展开攻势；

如果是维持社会保障，那你就在大打社会保障牌的平台上展开攻势。你整理了一份议题清单，而这些议题就是你要大力宣传的事情。你还要做市场细分：根据不同的地区找出最重要的议题。当你到访这些地区时，就专门谈论这些议题。

这一套根本行不通。有时候它能派上用场，但共和党也会用这套策略来配合自己的实践。但他们成功的真正原因是：他们只说自己在意识形态上信奉的东西。他们依照自己基础选民的框架来跟选民对话。而自由和进步派候选人往往爱看民意调查，认为自己往右移动的话能拉到更多的“中间派”。保守派从来不往左移，可他们却赢了！

为什么呢？从认知学的角度来看，选民到底是怎么回事呢？35% ～ 40% 的人在政治立场上以严父式模型为主导。同样，以抚养式观点主导自己政治立场的人也有 35% ～ 40%。其余的人据说在“中间”。

中间派是没有意识形态的，没有哪种道德体系或者政治立场能定义他们。在“中间”的人，基本上都持有双重概念，在有些议题上持保守立场，在另一些议题上则持进步立场，而且每个人在不同议题上的立场或左或右，各不相同。

请注意，我说的是“主导”政治立场。我们所有人都有两种模型，或主动，或被动。进步派人士也看约翰·韦恩（John Wayne）或者阿诺德·施瓦辛格的电影，而且看得懂。他们不会说“我搞不懂这部电影是怎么回事”。他们也有严父式模型，尽管也许是被动拥有的。如果你是保守派，但能理解奥普拉的观点，那么你也具备了抚养式家长模型，尽管同样是被动拥有的。人人都有两套世界观，因为这两套世界观广泛地存在于我们的文化当中，人也不一定永远只靠一套世界观活着。

因此，现在的问题是，你生活在哪一套家庭模型当中呢？这个问题还不够具体。生活有许多方面，许多人在这部分的生活中采用一套家庭模型，在那部分的生活中则采用另一套模型。我的一些同事在家里是慈爱的抚养式家长，在政治上是自由主义者，但在课堂上则是严厉的老师。里根知道，蓝领工人在工会政治里是抚养者，回到家里就成了严父。他采用以家庭为基础的政治隐喻，顺利地让这些工人把严父式思维模型从家庭中延伸到了政治上。

这是一件很重要的事。你的目标就是在中间派心中激活你的模型。不左不右的民众有两种模型，用在生活中的不同方面。你要做的是让他们在政治上采用你的模型，也就是让他们在政治决定中采用你的世界观和道德体系。要实现这一点，你需要从你的世界观出发，利用框架跟他们对话。

不过，在此过程中，你并不愿意得罪此前一直做出相反选择的中间派。既然他们拥有并在生活的一些方面使用着两种模型，你仍然有可能通过激活另一种模型来说服他们。

用语言激活框架

克林顿明白如何激活别人的模型。他“借用”了对方的语言，比如，他会谈论“福利改革”，他会说“大政府的时代已经结束了”。克林顿依然在说他想说的事情，只不过用了对方的语言和词汇来形容它罢了。

事实证明，对女人好的事情对男人也是好的，对左翼好的东西对右翼也是好的。猜猜发生了什么？当小布什上任后，我们有了“富有同情心的保守主义”。“净化大气计划”（The Clear Skies Initiative）、“健康的森林计划”（Healthy Forests）、“不让任何一个孩子掉队计划”（No Child Left Behind），[①]这些都是共和党在利用语言安抚拥有抚养式价值观的人，但他们实际的政策却采用严父模型。这甚至能够吸引尚有疑虑的中间派民众。在给基础选民打气时，同时运用奥威尔式语言（实际意义与表面字义相反的语言）来安抚中间派，也是保守派策略的一部分。

自由主义者和进步派人士一般会以防御姿态来应对这一策略。他们通常的反应是：“这些保守派是坏人，他们使用奥威尔式的语言。他们口是心非，他们是骗子、坏人。”

进步派说的不是假话。但保守派使用奥威尔式的语言，恰恰是因

① 这些都是小布什任总统期间提出的社会福利项目。——译者注

为他们不得不这么做：他们立场脆弱，没办法光明正大地说明自己的意思。想想看，如果他们公然支持“污染天空计划”“破坏森林计划”和“扼杀公共教育计划”，那会怎么样？他们会输个精光。保守派很清楚民众并不支持他们真正要做的事情。

奥威尔式的语言可以指明说话者的弱点。每当你听到奥威尔式的语言，就要留心它出现的具体地方在哪儿。因为它正好指向对方的脆弱环节，保守派可不是随处都在用它。注意这点，攻其要害，抢占优势，非常重要。

有一个涉及环境议题的好例子。右翼的语言大师弗兰克·伦茨（Frank Luntz）写出了长篇大论的指导文章，教保守派如何使用语言。保守派把这些文章当成训练手册，提供给所有的候选人、律师、法官，以及其他公众发言人，甚至还有想成为保守派公众人物的高中生。在这些文章中，伦茨告诉他们使用什么样的语言对保守派有利。

伦茨说服保守派人士，不要再提及“全球变暖”这个说法，因为它听起来太吓人了，还暗示了人类的主体性。他建议保守派在公共话语里使用“气候变化”，原因是“气候”听起来更为温和（想想棕榈树），而“变化”则始终存在，跟人类的主体性无关。到2003年，科学共识不利于保守派，伦茨又提议使用奥威尔式语言。他建议，就算谈及燃煤或核发电厂，也要使用“健康”“干净”和“安全”一类的字眼。一部加剧了污染状况的保守派法律，叫作《净化大气法案》（*Clear Skies Act*）。伦茨建议不用“全球变暖”的说法，暗示人们说科学并未达成共识，我们的经济不应该受到威胁。他的焦点小组的一次调查表明他支持排污权交易法。他提议使用“能源独立”的说法，支持继续使用水力压裂法开采石油，但从不提“拯救地球”。

几年前，伦茨写了一份备忘录，论述怎样与女性对话。他说女性喜欢某些字眼，因此在跟女性受众谈话时，保守派要尽量多使用如下措辞：“爱”“从心眼里”“为了孩子们”。如果你听过小布什的演说，就会发现这些措辞总是一次又一次地出现。

这种使用语言的方法，无异于一门科学。与一切科学一样，你既可以诚实地使用它，也可以不怀好意地使用它。这种语言使用的方法需要言传身教，还可以被当成一项纪律。保守派严格执行信息纪律，他们的许多办公室设有“比萨基金”：每回你用了“错误”的语言，就得朝“比萨基金”里投25美分。于是，他们很快就把“税收缓解”“半生产堕胎”一类的说法挂在了嘴边。

但是，伦茨关心的远远不止语言。他意识到，正确使用语言要从概念开始：为议题建立正确的框架，反映保守派一贯以来的道德立场，也就是我们所谓的严父道德观。伦茨的文章或著作不仅仅与语言有关，还针对每个议题解释了保守派的道理、进步派的道理，以及怎样从保守派的立场最有效地攻击进步派的论点。他很清楚：概念先行。

自由主义者们犯下的一个重大失误是，他们以为自己这一方该有的概念已经都有了，自己所缺的无非是媒体曝光，要不就是少了一些朗朗上口的时髦话，类似于保守派的“半生产堕胎”等。

你觉得自己只是缺少时髦话，但其实你真正缺少的是概念。概念以框架的形式出现，只要框架有了，时髦话说来就能来。有一种方法可以判断你是否缺少合适的框架。你大概早就注意到这样一个现象：电视上的保守派使用“税收缓解”一类的四字词，进步派则必须对自己的观点进行长篇大论的阐释。保守派通过既定的框架发出诉求，也就是税收是痛苦、负担，因此他们用“税收缓解”这四个字就足够了。但进步派却没有既定的框架，他们谈论自己的观点要花些工夫，因为没有既定的框架，就没有固定的概念。

认知科学给这种现象起了一个名字，叫作低认知（hypo-cognition），也就是缺少你所需的概念，缺少能用一两个词唤起的相对简单的固定框架。

“低认知”的概念来自人类学家兼心理治疗师鲍勃·利维（Bob Levy）于20世纪50年代在塔希提岛上所做的一项研究。利维探讨了塔希提岛为什么自杀事件频繁发生的问题。他发现，塔希提人没有“悲痛”这个概念。他们感到悲痛，亲身经历悲痛，却没有相关的概念和名称。他们认为这不是一种正常的情感，也没有与悲痛相关的仪式和对悲痛的疏导措施。他们缺乏一个必需的概念，直接导致了自杀事件频发。

进步派也饱受“低认知”现象的折磨，保守派过去也吃过这方面的亏。1964年戈德沃特竞选失利时，他们手里没有几个像如今这样运用自如的概念。可时隔几十年，保守派思想家弥补了他们的概念差距。进步派这边的概念差距却依然存在。

让我们回到“税收缓解”这个词上来。税收是什么？税收是你为生活在一个文明国家所付出的费用——你花钱获得了民主和机会，花钱使用以前纳税人的缴费修建的基础设施：公路系统、互联网、整个科学体系、医疗体系、通信系统、航空系统……这些都是纳税人负担的。

你至少可以从两个方面来思考税收的隐喻含义。下面，我们先来看一个广告：

> 我们的父母，通过税收为我们，也为他们自己的未来投资。他们用自己的税金，为我们的州际公路系统、互联网、科学和医疗机构、通信系统、航空系统和空间计划投资。他们投资未来，我们收获了税收收益，也即他们所纳税款的好处。如今，依靠他们的明智投资，我们拥有了大量的资产——高速公路、基础和高等教育、互联网、航空公司等。

试想一下，如果这个广告多年来反反复复地播放，最终它将建立起一个框架：税收，是对未来的明智投资。

下面，我们换用另一个隐喻：

> 税收就是为你所得的权利付费，偿付你在美国的会员费。你加入乡村俱乐部或者社区中心需要付费，为什么呢？游泳池不是你修的，但你必须维护它；篮球场不是你修的，但总得有人来清理它；壁球场你大概不会用到，但你还是得付费，要不然它就没法维持，变得破破烂烂。避税的人与搬到百慕大的企业一样，没有为自己的祖国支付会员费。纳税是爱国行为。抛弃我们的国家，不缴纳会员费，就是叛国。

也许老比尔·盖茨[①]说得最好。在争论是否保留遗产税时，他指出，他和小比尔·盖茨都没有发明互联网。他们只是在使用它，而且用它赚了几十亿美元。压根就没有“白手起家”这回事。每一名美国商人都利用了国内庞大的基础设施，而这些让他们赚了钱的基础设施都是纳税人负担的。没有人能只靠一己之力赚钱。他们靠着其他纳税人负担的东西致了富：银行体系、美联储、财政部和商务部、司法系统（十桩案件就有九桩牵涉公司法）。这些纳税人的投资，扶持了公司和富裕的投资者。他们欠了这个国家的纳税人一大笔人情，理应掏钱偿还。

① 即微软创始人比尔·盖茨的父亲。——译者注

这些都是对税收很准确的看法，但尚未嵌入人们的大脑。进步派需要一遍又一遍地重复、强化它们，直到它们在人们的脑神经突触中获得应有的地位。但这需要花时间，不是一朝一夕的事情。

保守派在构建了框架的议题上大获成功绝不是偶然事件。他们已经领先进步派四五十年了，在智囊团投资上也领先了 20 亿美元。而且，他们至今仍然考虑在前头。进步派则不然。进步派遭到保守派的痛打，只能思考眼下的防御措施。民主党的公职人员频频受到攻击，每天都得招架保守党发动的攻势。民主党总是在想："今天我们该怎么抵挡他们呢？"这就导致了民主党无法主动出击的被动局面。

面临这种局面的进步派人士不止在职官员。我一直在跟美国各地的进步派宣传小组讨论，与他们合作，帮他们解决确立框架的问题。我曾通过这种方式和 200 多个宣传小组共事。他们也都面临着同样的问题：随时都在遭受攻击，总在努力抵挡下一轮的攻击。老实说，他们根本没有时间来做规划，没有时间进行长远的思考，更没有时间跳出具体的议题去思考。

这些进步派人士都是好人，有知识，也忠心耿耿，但他们总是在招架对手的攻击。为什么呢？想想资金，一切就不难解释了。

投资于语言框架建设更有效

右翼智囊团得到了大笔的资助和捐赠，一次多达几百万美元。他们的资金非常充足，而且他们知道自己明年、后年会得到多少钱。请记住，那是“一揽子”拨款——没有任何附加条件。你该做什么就做什么，聘请知识分子，招揽人才，为将来储备人力资本。

进步派基金会很少给予这样的赠款，而是会把钱到处乱撒。今天给这里 25 万美元，明天给那里 5 万美元或者 10 万美元。有时候，进步派基金会也会狠狠地掏一次腰包，但受助人必须做些跟别人不同的事情，因为基金会认为重复投资是浪费金钱。不仅如此，这些钱还不是“一揽子”拨款。对于如何支配这些钱，受助人没有充分的自由。将其用来发展事业、建设基础设施、招聘知识分子进行相关政策的思考，肯定都不合适。重点应该是为需要服务的人提供直接的服务，也就是资助平民，而非建设基础设施。

在大多数情况下，进步派基金会就是这样运作的。正因为如此，基金会资助的组织范围都非常狭窄。必须要有具体的项目，不能只在自己从事的领域内任意投资。于是，活动家和吹鼓手过度劳累，薪资微薄，没有时间或精力去思考怎样把人们彼此联系起来。他们基本上没有时间，也没受过训练去思考如何给议题建立框架。体系迫使他们的关注点狭窄，而且互相隔离。

你可能会问，为什么会这样呢？这里有一个深层次的原因，而且是一个你该好好思考的原因。在右翼的道德价值观体系中，最顶端的价值观是维护和捍卫道德体系本身的。如果这是你的主要目标，你会怎么做呢？你会修建基础设施，提前收买媒体，未雨绸缪，向右翼法律学生提供奖学金。如果这些学生加入联邦协会，你会出钱帮他们修完法学院的课程，之后给他们提供不错的工作。如果你希望扩散自己的世界观，那么对你所需要的人才和资源“放长线钓大鱼”则是非常明智的做法。

左翼阵营的最高价值观是帮助需要帮助的人。如果你正管理着一家基金会，或者你正着手开办一家基金会，你怎么做才能当个好人呢？你要尽量帮助更多的人。而随着被砍掉的公共预算越多，需要帮助的人也就变得越多。因此，你朝着草根组织四处撒钱，手里就留不下钱来进行基础建设或人才培养，更不可能把钱投资给知识分子了。你不能把一分钱浪费在重复努力上，因为你必须帮助越来越多的人。你要怎样证明自己是一个讲道德的好人或者一家好基金会呢？列出你帮助过的所有人，越多越好。

因此，你维持了一套对右翼大有好处的体系。在此过程中，这套体系确实帮助到了人。当然，我并不是说人们不需要帮助，他们需要。但随着预算和税收下降，右翼利用了左翼。右翼迫使左翼把更多私人的钱用在政府该扶植的事业上。

补救的战略举措

面对这样的现状，我们其实有许多补救措施。让我们谈谈从哪里入手吧。

右翼深知怎样谈论价值观，我们也需要谈论价值观。我们仔细思考一下的话，也可以列出自己的价值观，但要想出怎样让价值观和议题相配合，怎样从我们自身价值观的角度去谈论每一个议题，这并不容易。

进步派人士还必须着眼于议题的整体性。右翼在这方面非常精明，他们懂得我所谓的“战略举措”。战略举措指的是一整套的计划，在某一个精心选择的议题上稍做改动，就会对其他许多领域的议题自动产生影响。

以减税为例。减税看似简单，但减税之后，政府的所有社会福利项目就没有足够的预算了。政府不仅没有足够的钱安排无家可归者，没有足够的钱进行学校建设和环境保护了，而且所有属于此范畴内的东西都没有钱了。这就是战略举措。

又比如侵权法改革，它指的是给诉讼裁决规定时限。侵权法改革是保守派的一个首要任务。为什么保守派这么看重它呢？这么说吧，只要你看到效果，就会明白他们为什么这么在乎了。因为侵权法改革一举禁止了将来有望成为环境立法和监管的基础的所有潜在诉讼。也就是说，它一旦成功，不仅政府对化工、煤炭、核电这一类行业的监管岌岌可危，而且一切的监管都将面临作废的风险。如果利益受到损害的当事人不能起诉不道德、疏于职守的企业或专业人士，并向他们索取高额赔偿，企业就能够自由自在、不受限制地靠损害公众利益来赚钱了。而那些在此类案件中承担风险、做出重大投资的律师，则赚不到足够的钱来弥补风险了。企业能把公众福祉甩到一边去，侵权法改革的目的就是这个。

此外，如果你了解了民主党大部分的钱是从哪些州来的，就会发现在这些地方，律师赢得侵权法案件的比例明显更高。许多侵权法律师是民主党重要的捐赠人，保守派所称的侵权法“改革”会断绝这一脉的资金来源。突然之间，得克萨斯州民主党少了 3/4 的捐赠。再者，毒害环境的公司想要给索赔金额封顶，这样他们就可以预先算出向受害者偿付的金额，并将之纳入运营成本。不负责任的企业会因为侵权法改革受益匪浅，共和党也会因为侵权法改革受益匪浅。这些真正的目的都深藏不露。

侵权法改革表面上的议题是消除“荒唐官司”，针对的是热咖啡洒在腿上就得到 3 500 万美元赔偿的那些人。然而，保守派真正想要实现的东西并不在议案本身，而是执行议案之后的东西。他们基本上不关心诉讼官司本身，而是在乎摆脱所有对环境、消费者和工人的保护。他们想搞垮民主党的资金来源。所谓的战略举措就是这个意思。

左翼也有一两手战略举措，比如环境影响报告和《濒危物种保护法》（*Endangered Species Act*）。但自它们制定以来，时间已经过去 40 多年了。

与右翼不同的是，左翼不从战略上思考。他们一个议题一个议题地想对策，一般不揣摩可以利用哪些微小的变化来对各个议题施加影响，只有极少数例外。

还有另一种战略举措，我称之为“滑坡举措”：只要迈出第一步，你就一溜烟地滚下悬崖了。保守派十分精通滑坡举措。以“半生产堕胎”为例，这种案例几乎不存在，可保守派为什么那么看重它呢？因为它是通往终结所有堕胎手术的一道陡坡。它将堕胎视为可怕的过程，为之建立框架，而大部分终止妊娠的手术完全不是这么回事。

为什么要通过一项有关学校考试的教育法案呢？因为考试框架不仅适用于学生，也适用于学校。打个比方，倘若学校未能通过考试，就要受到惩罚，津贴被减。资金减少进而让学校更加难以改进，许多公立学校就此陷入恶性循环，甚至最终关门。取代公立学校制度的是支持私立学校的学券制度。富人可以上好学校，穷人没钱上好学校，好学校又是靠从前用于公立学校的那部分税款支持的。最终，美国大众会得到一套双轨学校制度，好学校给那些“配得上接受良好教育的富人”，坏学校给那些“不配接受良好教育的穷人”。

保守派不需要一个议题一个议题地展开攻坚战，但进步派可以采取许多补救措施。以下就是进步派可以做的 11 件事：

第一，找出保守派哪些做法正确，进步派在哪些地方错失了良机。控制媒体固然有其重要性，但这不是唯一要做的事情。保守派的成功之处是，根据自己的视角为议题确立了框架。要承认他们成功了，进步派失败了。

第二，要牢记“别想大象”。如果你继续使用保守派的语言、框架去反对他们，那注定会输，因为你巩固了他们的框架。

第三，记住只有真相不会让你自由。只说真话行不通，你必须从自己的视角来有效地为真相建立框架。

第四，你随时都需要根据自己的道德观来发言。进步派的政策要遵循其价值观。若想阐明你的价值观，就要使用符合你价值观的语言，丢掉那些政治学究的语言。

第五，了解保守派的出发点。弄清楚他们的严父道德观及其后果。要知道你反对的是什么，要有能力解释他们为什么相信他们所信奉的那一套，试着预测他们会说些什么。

第六，进行跨议题跨领域的战略性思考。从宏观道德目标上思考，不要从方案本身来思考。

第七，想一想提案的后果。构建进步派的滑坡举措。

第八，记住选民是根据自己的认同和价值观来投票的。他们支持的事情并不见得契合他们的自身利益。

第九，团结起来，开展合作。具体的做法是记住进步派思考的六种模型：社会经济、身份政治、环境保护、公民自由、精神追求、反独裁。请注意你经常使用哪些模型思考，你落在哪个频谱上，跟你谈话的人落在哪个频谱上。接着，跳出你自己的思维模型，从共同的进步价值观进行思考和讨论。

第十，要主动，不要被动；要攻击，而非防御。每一天，在每一个议题上重建框架。使用你自己的框架，别用保守派的。多用框架，因为它们吻合你所相信的价值观。

第十一，对进步派的基础选民讲话，从而激活“摇摆不定（双重概念论）选民”的抚养者模型。不要向右转，向右转会带来两方面的伤害。它不仅疏远了进步派的基础选民，还帮保守派激活了动摇选民思想里的保守模型。

The ALL NEW
Don't Think of an
Elephant!

02
重建框架：揭示系统性因果关系

给无框架的事情建立框架

想起框架，人们通常会犯两个常见的错误。

第一个错误是，认为建立框架就是提出一个机灵的口号，类似于“死亡税”“半生产堕胎”等，能让相当大一部分人产生共鸣。但实际上，只有经过长期（往往需要数十年）的政治运动，对税收和堕胎等议题建立起概念性框架，等许多人的大脑已经准备好接受这些措辞了，上述口号才能发挥作用。有一次，有人问我能不能在“下个星期二”之前为一项关于全球变暖的法案重建框架——提供一句制胜的口号，我无奈地笑了。有效地重建框架，是要改变数百万人的大脑，让他们准备好去识别现实。这样的准备工作，尚未就绪。

第二个错误是，认为只要我们能够以某种有效的方式呈现有关某一现实的事实，人们就会对该现实“醒悟”过来，改变个人的观点，并着手采取相应的政治行动、改变社会。总有人抱怨“为什么人们无法醒悟”，就好像人们“睡着了”，只需要被叫醒，看到并理解周围的世界。但实际情况是，有些观点根深蒂固地扎根在我们身上，并随着时间的推移不断发展，最终准确地为我们的认识建立起一套恰如其分的框架。

这里有一个例子——养老金。就算是支持养老金的人，也常常将之框定为“福利”（benefits），是雇主给雇员提供的“添头”（extras）。可养老金到底是什么呢？养老金是已经完成的工作的延期报酬（delayed payment）。它是你接受一份工作的条件之一，是你工资的一部分，由雇主暂时保留并用其进行投资，以便在你退休后支付给你。因此，如果雇主说“我们没有钱支付你的养老金”，这要么意味着他贪污、窃取了你的工资，要么就是他挪用了合同上约定好的由他负责支付给你的收入。你的雇主是一个贼。

我曾多次与工会领导和工人团体交谈，向他们指出养老金是已经完成工作的延期报酬。我得到了普遍的认同，接下来我问：“你曾经这么说过吗？”“没有。”“你相信这个说法吗？”“相信。”“你之后会这么说吗？”事情在这里变得棘手起来。就算是进步人士也很难摆脱右翼宣传大师多年来构建起来的框架：养老金是不工作就支付给你的报酬。

那么，为什么人们尽管能够在一个对自己至关重要的议题上感知到一项重要的事实、一项必须当众公布的事实，但是不去说它、不在日常对话中频频地提起它呢？

这里的原因是，只把某件事情告诉人们，一般不会让这件事情进入人们日常使用的神经回路中，甚至没法让它进入能轻松地融入其大脑里原有的神经回路中。也就是说，这些原有的神经回路定义了人们先前的认识，定义了对话的形式。

如果你拿不准公众是否愿意听取或者说出从前没有经过数百次谈及的事情，你就很难去说出这些事情。正如第 1 章所述，这种问题叫作“低认知”，也就是缺乏整体上的神经回路。这一神经回路造就了常识性的观念，这种观念是能融入人们正常参与的沟通形式，是你愿意说、对方愿意听的事情。

口号无法克服低认知的问题，只有持续的公众讨论才有机会令其翻盘。这就需要对问题有所认识，需要大范围的严肃认真的承诺来改变现状。

我们现在面临的若干重要问题，从全球变暖到贫富差距，再到此外更多的议题，都需要这种持续不断的讨论和承诺。我之所以补充撰写本书的这一部分，就是希望不同的读者能够承担起构建框架的不同任务。这种全新的框架是一种自动、轻松、日常的认识模式，也正是我们所迫切需要的。

反身性：大脑与世界的关系

你也许认为，世界的存在独立于我们对它的理解。这你就错了。

我们对世界的理解，就是世界的一部分，而且属于世界物质的那一部分。我们的概念框架存在于大脑中的物理神经回路，远远低于意识觉知的层面，它们定义也限制了我们对世界的理解，并且影响着我们在世界中的行为。从很多方面来看，世界是我们怎样为它建立框架、怎样根据这些框架采取行动（从而创造出一个在重要部分上受我们行为所框定的世界）的一重映像。因此，一个有着固有框架的世界，由我们带框架的行为所构建，受这些框架的强化，并随着其他人在这样一个世界里的出生、成长和成熟在他们身上重建这些框架。

这种现象叫作反身性（reflexivity）。世界通过我们的行为，反映出我们的理解，我们的理解反映出我们自己及他人受框架影响的行为所塑造的世界。

想要在世界上有效地运转，了解反身性会有所帮助。如果你要采取行动，创造一个更美好的世界，那么知道什么样的框架能塑造并仍在塑造现实也大有助益。

反身性就是这样，本身无关好坏。它既可能成为好事，也可能成为坏事。这一部分探讨的是怎样将反身性用于为善，至少对大多数人、大多数生物，对支撑所有生命的物质世界的美丽与丰盛为善。

在很多情况下，为了利用反身性来创造美好的世界，我们需要用新的框架、新的知识形式来理解世界。当与我们对立的、需要框架的议题变得复杂而系统化时，情况尤其如此。

系统性因果关系

研究认知语言学自有其用途。世界上的每一种语言，语法当中都有一种表达直接因果关系的方式。但世界上没有任何一种语言能够用语法来表达系统性因果关系。直接因果关系和系统性因果关系有什么区别呢？

从婴儿时期开始，我们就会遇到简单、直接的因果关系：我们推动玩具，它会翻倒；妈妈转动烤箱的旋钮，火苗就会燃起来。拿起一杯水喝了一口，把面包切片，一拳打在别人的鼻子上，朝着窗户扔出一块石头，偷你的钱包等，这些都是直接因果关系。

因此，直接因果关系就是将力用到某事或某人身上，使该事或该人产生直接的变化。如果因果关系是直接的，“导致”（cause）一词就不成问题了。我们从孩提时就自动学到了直接因果关系，因为我们每天都在经历它。直接因果关系以及理解它所带来的对直接环境的控制，在每一个孩子的生活里都至关重要，这就是为什么它会出现在每一种语言的语法中。

系统性因果关系就不是这样了。它无法被直接体验到，我们必须学习它，研究它的案例，在它得到广泛理解之前反复沟通。

世界上没有任何一种语言在语法里能表达系统性因果关系。你开采了更多的石油，燃烧了更多的汽油，向空气中排放了更多的二氧化碳，地球的大气层升温，更多的水分从海洋中蒸发，某些地方产生了更大的风暴，另一些地方产生了更多的干旱、发生了更多的火灾，还有一些地方出现了更多的严寒和冰雪天气……这些就是系统性因果关系。世界的生态是一套系统，世界经济和人类的大脑也一样。

因此，我们缺少一个最迫切需要的概念。举例来说，我们需要用它来理解、沟通我们这个时代最重大的道德议题——全球变暖。生态学是一套按照系统性因果关系运作的系统。没有系统性因果关系的日常概念，就无法正确理解全球变暖。换句话说，如果没有系统性因果关系的框架，频频重复有关全球变暖的事实就毫无意义。在直接因果关系的框架下，全球变暖的系统性因果关系的事实遭到了忽略。旧有的框架保留下来，与之不相吻合的事实就无法得到理解。

系统性因果关系的结构

系统性因果关系有着一种结构，它包含四种可能的元素，这些元素可以单独存在，也可以组合存在。推动一套复杂的系统性问题，发挥作用的可能是这四个元素里的一个、两个、三个，或是所有。以下是对全球变暖议题中的系统性因果关系的解释：

一套有直接成因的网络。（1）全球变暖使太平洋升温，这意味着海洋中的水分子变得更为活跃，带着更多的能量运动，蒸发得更多。（2）海洋高空大气层的风从西南吹向东北，朝着极地吹过去了大量携带着高能量的水分。（3）在冬季，水分变成雪，并化为巨大的暴风雪，覆盖在北美洲东海岸。因此，全球变暖可以系统性地引发特大暴风雪。

反馈循环。（1）北极冰层反射光和热量。（2）随着地球大气变暖，北极冰层开始融化、变薄。（3）冰量减少后的北极冰层反射的光和热量也减少了，停留在大气中的热量变多了。（4）大气变暖。（5）反馈循环：北极的冰融化得越多，反射的热量越少，停留在大气中的热量越多，冰融化得越多，如此再三循环。

多重原因。由于极涡和喷流之间的相互作用，部分涡旋向南移动到北美洲中部，导致俄克拉何马州和佐治亚州等遥远的美国南部地区出现反常的冰冻温度。

概率因果关系。许多天气现象都是概率性的，这就导致了相应的概率分布。虽然你无法预测投掷的硬币到底是花朝上还是字朝上，但你可以预测，在大量投掷硬币的过程中，几乎恰好会有50%的硬币花朝上，另外50%字朝上。

是的，全球变暖系统性地导致了美国南部的冰冻天气，系统性地带来了飓风“桑迪”、中西部的干旱、科罗拉多州和得克萨斯州的火灾，以及世界各地的其他极端天气灾害。让我们大声地说出来：这是因果关系，系统性因果关系！一套有直接成因的网络、反馈循环、多重原因，都在全球天气系统中发挥着概率性的作用，系统性地导致了天气灾害。是的，它系统性地造成了数不清的人身伤害，高达数十亿甚至数万亿美元的损失。

系统性因果关系在生活中很常见。吸烟是肺癌的系统性成因，人类免疫缺陷病毒（HIV）是艾滋病的系统性成因，在煤矿上工作是尘肺病的系统性成因，酒后驾驶是车祸的系统性成因，无避孕性行为是意外怀孕的系统性成因，而意外怀孕又是堕胎的系统性成因。

系统性因果关系相较于直接因果关系没有那么明显，因此理解它就显得更为重要。一个系统性成因有可能是诸多成因之一。它可能是间接的，靠更直接的成因网络发挥作用；也可能是概率性的，有着极高的发生概率；还有可能需要反馈机制。一般而言，生态系统、生物系统、经济系统和社会系统中的因果关系往往都不是直接的，但在因果性上丝毫不弱。而且，因为它不是直接因果关系，所以就需要我们付出更多的关注才能理解它，控制它的负面影响。

最重要的是，这种因果关系需要一个名字：系统性因果关系。

飓风“桑迪”的确切细节无法提前预测，正如我们无法预知一个吸烟者在什么时候以及是否会患上肺癌，还有无避孕性行为会不会导致意外怀孕，酒后驾驶会不会出车祸等。但系统性因果关系仍然是因果关系。

语义是关键。人们通常只用“原因”（cause）这个词来表示直接原因，气候科学家为了表达上的准确性，常常回避把全球变暖说成是具体的某次飓风、干旱或火灾的原因。由于缺少系统性因果关系的概念（一套框架）和语言，气候科学家犯下了可怕的沟通错误：闪烁其词。以下一段文字引自詹姆斯·汉森（James Hansen）、智真纪子（Makiko Sato）[①]、雷托·鲁迪（Reto Ruedy）在《美国国家科学院院刊》（*Proceedings of the National Academy of Sciences*）上发表的文章《气候变化的感知》（*Perception of Climate Change*）：

> ……我们可以带着高度的信心指出，2011 年发生在得克萨斯州和俄克拉何马州、2010 年发生在莫斯科的极端异常天气，是全球变暖的结果。因为如果没有全球变暖作为条件，它们的发生概率将是极小的。

这里的关键词是“高度的信心”“异常天气”“结果”“概率”“没有”“极小”。科学的闪烁其词！赤裸裸的真相的力量，即因果关系，由此丧失了。

这可不是一件小事：地球危在旦夕，但我们的科学家缺乏沟通的能力。没有语言，观念就无从表达。如果不了解系统性因果关系，我们就无法理解什么样的命运正在袭来。

① 此处为音译。——译者注

全球变暖是真切的，就在此时此地。它导致了死亡、破坏，以及巨大的经济损失。随着时间的推移，因果效应会越来越大，因此我们不能只是去适应它。我们要付出的代价无法估量，要面临的问题是非常巨大的。每一天，地球变暖所积累的额外能量相当于 40 万颗广岛原子弹！每一天！

记者应该怎么做

由于系统性因果关系大部分尚未建立框架、没有得到命名，因此记者们之前一直束手无策，被迫借助一些充满误导的、不恰当的比喻。查尔斯·珀蒂（Charles Petit）于 2014 年 1 月 7 日在“奈特科学新闻追踪”（Knight Science Journalism Tracker）上列出了一长串此类的比喻。以下是其中的一部分：

> 一股较弱的极地旋涡，就像旋转陀螺一样，缓缓围绕着北极而动，最终落下，吹开了通往北极冰层的大门……
>
> 这股巨大的致命低温空气，从北极的牵绊下溜了出来，在加拿大各地肆虐，并席卷美国东部……
>
> 当风力减弱，旋涡开始摇摇晃晃，就像一个酒鬼，喝下了第 4 杯马提尼酒……此时，几乎整个极地旋涡都翻滚着涌向南方……

负责任的记者可以做得更好一些。

负责任的记者需要讨论系统性因果关系。在讨论全球变暖及其对气候的影响时，在讨论其他系统性影响，如液压破裂开采法、教育私有化、工会的衰落时，他们必须讨论系统性因果关系。

负责任的记者还需要讨论我们经济上的一种系统性破坏效应，比如，最近刚发现的但尚未通过媒体进入公共话语的生产性财富与再投资财富之间关系的系统性影响。

以上讨论的系统性因果关系，旨在适应全球变暖现象。此外，我们还将在经济学研究里讨论系统性因果关系的其他形式。但就本书的目的而言，系统性因果关系最重要的一种形式跟大脑本身有关系。反身性现象是系统性因果关系的一种形式。政治与人格概念之间的关系，是系统性因果关系最难让公众（尤其是政治专家、政策制定者、战略家、民意调查专家和其他政治专业人士）理解的一环。

政治与人格

人人都有一种对个人身份的认同感，也就是你对自己是谁的感知。这种个人身份的核心是一种道德感和对错感，它为我们的行为提供了正当的理由。这种道德感与我们所相信和理解的所有东西一样，是实体性的，构建在大脑的神经回路里。如果这种对个人身份的认同感发生了改变，就象征着我们道德感的回路发生了改变，那么，我们的人格也就会被改变。也就是说，这种认同感的改变把我们是什么样的人给改变了，即我们的对错认识和行为方式。

我们已经看到，所有的政治都事关道德，因为我们认为政治政策应该是正确的，不能是错误的或者无关紧要的。不同人之间的政治分歧可归结为道德分歧，在我们的大脑里，它们表现为不同的大脑回路。我们已经看到，美国政治中的主要道德分歧来自两种对立的家庭模型：抚养式家庭模型和严父式家庭模型。这并非偶然，因为你的家庭生活对你怎样理解自己这个人有着深远的影响。

家庭生活的影响非常复杂，双重概念论就是结果之一。双重概念人士的大脑里有两种道德回路，它们彼此互相抑制，在不同问题上使用哪种道德回路完全因人而异。这里没有“中间派”，温和派并没有什么共同的道德政治意识形态。

然而，不管你是进步派、保守派，还是双重概念派，你的道德（即你认为一个人应该怎样、应该做什么的感知）与你大脑触发情绪的方式，决定了在特定情况下或对特定的观点你感觉是好还是坏。我们有必要理解这背后的原因。

共情和道德背后的科学依据

镜像神经元系统是神经科学的一项重大发现。简单地说，这套系统在我们的大脑中运作，为我们带来了与他人建立联结、感他人所感，以及与自然世界联系的能力。这是我们共情能力的核心。根据情绪研究，我们知道，特定的情绪与我们身体上的特定行为（如面部肌肉、姿势等）有关联。例如，感到快乐时，我们的面部肌肉会不由自主地微笑，而不是皱眉或者龇牙。我们还知道，传达他人情绪的身体线索，一般会触发观察者相同的大脑反应。这些大脑反应，是由伴随我们产生相同情绪而做出的身体线索而来的。这就是为什么我们通常能看出别人是高兴还是伤心，是生气还是无聊，以及为什么一方面带微笑，另一方往往也会无意识地笑脸相迎，或者一个人打了哈欠，另一个人也会打起哈欠。

所有这一切都多亏了镜像神经元系统，它内部有连接大脑动作中心和感知中心的回路。因此，你看到别人在做什么，会自然地与能控制你自己行为的大脑活动搭配起来。启动后的神经元激活了肌肉，而不管你是在执行一个动作还是在看别人做相同的动作，它们启动的神经元有许多都是相同的。这种“镜像”可以让你看到与他人情绪扭结在一起的肌肉组织，并在你的大脑里感知到自己身体上相同的肌肉组织，从而让你自己也能体察到相同的情绪。一言以蔽之：它可以让你感受到别人的情绪，这就是共情。

但是这种效应在大脑中还将产生进一步的连锁反应。神经科学家发现，想象和执行之间同样有大脑上的重叠。我们构建心理图像的时候，和我们真正看到这种图像的时候，激活的神经区域有很多是相同的。不管我们是想象运动还是实际运动，情况也是一样的。这也就是说，我们不仅能够与在场的某人共情，还能够与我们想到的、记得的、读到的、梦到的某人共情。这就是为什么我们会深深地被小说、电影，甚至新闻故事所打动。

神经科学家还表明，如果正在恋爱的人看到自己的爱人疼痛，其大脑里的疼痛中心也会被激活。情绪上的疼痛是真实存在的。

这听起来很简单，但这个故事里还有一些反转：某些神经复杂因素会影响我们对自己所看、所听和所想的最终反应。在进行判断的时候，前额叶皮层里有一些特别活跃的区域。这些区域里包括了我们执行某一特定动作时活跃，而看到别人执行相同动作时不那么活跃的神经元。有假说推测，这使得我们具备了调节自身同理心的能力，在特定情况下，我们可以减轻它，甚至关闭它。这样，镜像神经元系统就让我们从情感上跟他人联系起来，但在特定的时候也可以让我们在情感上与他人保持疏离。

前额叶皮层在另一套神经系统里也是被激活的，我把这一套系统称作福祉系统（well-being/ill-being system）。当你碰到感觉舒服的体验时，这一系统会在大脑里释放特定的激素；而当你碰到感觉糟糕的体验时，它释放的则是另一些激素。从本质上讲，该系统可以在任何特定的时间调节你是感觉愉悦还是不悦。这一系统兴许还参与了根据你的想象（什么能 / 不能带给你福祉）做出判断的过程。

福祉系统和共情系统能够以复杂的方式进行互动。有些人不管是在自己感到满足的时候，还是在与感到满足的人进行共情的时候，都能感受到满足。

但另一些人的这两套系统却不是这样关联的，他们的福祉系统有可能是压倒共情系统的。也就是说，他们的个人利益能压倒他人的利益。或者，他们的福祉系统和共情系统有着复杂的互动，既能维持自身的快乐，也能用为他人的快乐做贡献来调节它。还有一种可能是，他们愿意自我牺牲，始终把他人的福祉放在自己的福祉之上。又或者，他们可能是群体成员的一部分，把自己的福祉和群体成员的福祉放在第一位，但不对群体外成员产生共情。这可能要看具体情况，取决于他们把哪些人视为自己所属群体的成员。由于道德事关自己与他人的福祉，上述几种不同的情况定义了不同的道德态度。

镜像神经元系统会受到先天因素的影响吗？很明显，会的。如果某人患有某种类型的自闭症，那他的共情能力就会遭到削弱，甚至基本上没有。精神病患者的共情能力同样会受到影响：他们可以察觉到别人的感受，自己却不受影响，进而为了自己的利益或享受去操纵对方。

镜像系统会受到养育方式、家庭生活或同伴关系的影响吗？人的政治道德跟他的共情能力挂钩吗？也就是说，人的政治道德与镜像神经元和福祉系统的运作有关系吗？这尚处在研究当中。初步结果表明，极端进步人士和极端保守人士之间存在差异，极端保守人士的共情系统表现出较低的活跃度。

因为所有的想法和感受都是物质的，是大脑回路的产物，所以道德情感也应由我们正在讨论的这些物质的大脑结构所组成。这些大脑结构不仅构成了你自己道德感受的神经基础，也构成了你的另一个看法：理想的人（ideal person）应该是什么样的。

理想的人

一个理想的人应该是什么样的？出于不同的道德观点，保守人士和进步人士的看法基本相反。双重概念论者也有着不同的看法，不过这取决于他们的道德观念是怎么划分的：基本上持保守立场的双重概念论者，往往对人应该是什么样的持保守观点；基本上持进步立场的双重概念论者，往往对人应该是什么样的持进步观点。不那么极端的双重概念论者也许认为，理想的人就应该跟自己一样是一个双重概念论者，持有大致相当的保守和进步观点。

进步（抚养式家长）道德体系在共情和个人福祉系统之间维持着微妙的平衡。它的核心是对他人的共情，以及出于这一共情采取行动的责任感，但它又受到以下假设的调节：如果你没能照顾好自己，就不能照顾别人。也就是说，它以共情为中心，同时包括了个人和社会责任感。

保守派的道德体系以福祉系统为中心，只从个人责任感出发，照顾自己只出于个人的利益，不依赖他人的共情，同时对他人没有共情和责任感。

这些东西看似是细枝末节，却能直击差异的核心。

共情与同情

共情（empathy）和同情（sympathy）都涉及了解别人的感受的能力。但与共情不同的是，同情包含了疏远、高于一切的个人的情绪性感觉。心怀同情的人或许会采取妥当的行动，减轻他人的痛苦，但自己并不感到痛苦。“慈悲”（compassion）这个词可以同时表达共情或同情，这取决于什么人在使用这个词。例如，小布什最初宣布竞选总统时，称自己是一个“慈悲”的保守派，这是引用了马文·奥拉斯基（Marvin Olasky）的《美国同情心的悲剧》（*The Tragedy of American Compassion*）中的说法。

奥拉斯基和小布什对慈悲和保守主义的使用，表现出了进步人士和保守人士的核心区别。进步人士倾向于认为，整个社会有责任帮助那些有物质性需求的人。政府依靠税收支持，应该是实现这一扶助的主要工具。保守人士则倾向于非政府组织提供慈善，并且大多认为对有需要的人给予真切的帮助不应该是给予援助，而是要给他们提供自助的动力。因此，保守派的座右铭是“授人以鱼不如授人以渔”。顺便说一下，为“配得上”的少数人提供慈善，远比为保障所有人的利益提供资源所耗费的税收要少。

关于理想的人应该是什么样子的，应该怎样筹划我们的政治以便创造出心怀“正确”道德理念的理想之人，上述二分法带来了两种截然不同的观点。

反身性与人格

在这里，我们必须要提出人格的反身性问题：语言框架会改变某个人的人格类型吗？答案似乎是可以，尽管在极端情况下很可能做不到。当然，这可能取决于年龄和环境。但多年来，这些变化确实在发生。据我所知，这种变化主要发生在双重概念论者身上。极端保守派无法通过重构框架、建立全时运转（不仅仅在选举期间）的有效沟通系统来改变。是的，这意味着有些人无法“触及”或者被“唤醒”。

我们假设有一个部分保守的温和进步派人士。多年来，他日复一日地从媒体或朋友那儿反反复复地听到保守派的语言和论点。保守派的语言将激活保守的道德体系，并让其在每次听到这番语言时都变得更强一些。随着他大脑中的保守回路越来越强大（突触强化），他对议题的看法说不定就会从进步转为保守。结果可能是大脑内部发生了转变，使得一个人从部分保守变成了基本保守。我相信，很多时候情况真的就是这样的。

这就是保守派信息系统的强大力量：反身性实实在在地发挥着作用。随着时间的推移，某些人的性格有可能会改变，对“人应该是什么样”的理想期待也会改变。自然，他给谁投票的态度也改变了。

保守派对反身性的其他应用，取决于获得选票。一旦上任，保守派不仅可以说政府无法发挥作用，必须最小化、私有化，而且由于他们本就在政府当中，还可以妨碍它运转，从而创造出一套能够自圆其说的预言。这怎么做到呢？通过减税、削减资金、制定法律，以及最高法院的重新释法。

在当代美国，政治和人格不可分割，而且很明显在朝着保守的方向发展。为了改变这一方向，进步派人士需要了解大脑和沟通系统在这一过程中所扮演的角色。

美国立国时的政治与人格

美国建国之初，政治和人格就已经纠缠在一起了，但当时是朝着进步的方向发展的。

加州大学洛杉矶分校的历史学家琳恩·亨特（Lynn Hunt）在《发明人权：一段历史》（*Inventing Human Rights: A History*）一书中详细地梳理了相关历史。她从《独立宣言》的决定性段落入手：

> 我们认为这些真理是不言而喻的：人人生而平等，造物者赋予他们若干不可剥夺的权利，其中包括生命权、自由权和追求幸福的权利。

亨特追问，如果这些权利真的是不言而喻的，那为什么杰弗逊还非得把它们说出来？它们是从什么时候开始变得不言而喻的？

亨特是美国历史学会的前任主席，研究了法国、英国和北美 13

个殖民地的著作与文化。她指出，17世纪根本不存在这些概念，它们是到18世纪中期，主要是在1760年之后才开始出现的。当时，一场重要的文化变革席卷了西欧和北美。这场变革可以从该时期的小说中看到，比如18世纪最畅销的让－雅克·卢梭的《新爱洛伊斯》。1761年到1800年之间，它连续出版了70个版次。《新爱洛伊斯》是一对恋人之间的亲密书信集，读者深刻地认同主人公的情感生活。主人公的心理状态在信件中得以揭示并发展，唤起了读者对普通人困境的共情。18世纪60年代到80年代之间，此类小说层出不穷；国家通过法律，以不人道的名义禁止酷刑；艺术家开始绘制能表现主人公个性特征的肖像画；人们改变举止以提高对自己身体的个人控制力，比如打喷嚏时使用手帕；个人自主权的概念迅速产生。

这些变化是由对普通人问题和困境的共情与认同所推动的，感书中人物所感，看到他们所处的困境，进而推动立法和改变政策。到1776年，通过对同胞共情的发展，人权变得“不言而喻”了。这种共情，构成了各州联盟和美国民主的基础。

在《我们的宣言：对捍卫平等的<独立宣言>的解读》(*Our Declaration: A Reading of the Declaration of Independence in Defense of Equality*)一书中，普林斯顿大学高级研究所的历史学家丹妮尔·艾伦(Danielle Allen)将对《独立宣言》的研究推进了更为重要的一步。这部著作是对宣言的全面解读，不过其核心段落仍然是“不言而喻的真理”这经典的一段。但艾伦查阅了原始抄本，认为段落末尾的句号并不在原始文件里，它是后来被插入的。她的这个主张在后面的语法上得到了印证。以下是使用原始标点符号的整段话：

> 我们认为这些真理是不言而喻的：人人生而平等，造物者赋予他们若干不可剥夺的权利，其中包括生命权、自由权和追求幸福的权利；为确保这些权利，人们建立政府，行使被管理者赋予的正义的权力；任何形式的政府，一旦破坏了上述目的，人民就有权利改变或废除它，建立新的政府，按照此类原则来奠定基础，并以最有可能实现他们安全与幸福的形式来组织政府的权力。

艾伦认为，有了这个句号，“不言而喻的真理”就以生命、自由和追求幸福作结了。这是我在前文描述过的来自福祉系统的东西，但它缺少了一个概念：公民建立起一个以对所有人的福祉共情为基础的政府，并通过这样的政府来运作。以生命、自由和追求幸福作结的这段话论述的是自由，但接下来的部分论述的是平等，而政府的核心作用就是确保平等。

句号后面的从句和句中用了复数形式（“实现他们安全与幸福的形式”）这个语法表明，这段话远不只是要追求幸福，还涉及了政府在确保上述不可剥夺的权利公平落实方面的作用。

艾伦是对的，这是一个重要的问题。她的观点不仅仅跟一个句号有关，还直击了我们在政治上分裂的根源。我在《谁的自由》一书中描述过，进步人士和保守人士对自由有着截然不同的看法。保守人士所说的自由，既不包括平等，也不包括政府在保护平等上所起到的作用。他们还把自己的观点强加给国父们。虽然保守派寻求的是激进的改变，但他们使用了“保守”这个词，就好像在保留美国建国之初的价值观。

因此，我们不免要继续追问：自由应该是什么意思？民主应该是什么意思？人格应该是什么样的？

私依赖于公

从一开始，美国就提供公共教育、公立医院、公共道路和桥梁，保护联邦的军队，制定法律规范和维持联邦的立法机构，推行这些法律的行政机构，强制执行这些法律的司法系统，一家国家银行，一家专利局，以及促进跨州贸易的一系列方式。如果没有这些公共资源，美国就不可能有令人满意的个人生活，也就没有正常运转的商业社区。

这告诉了我们一些关于美国民主（一般而言，也即西方民主）的深刻而关键的东西。美国民主是从“合众为一”的概念里发展出来的：一群关心彼此的公民聚集在一起，关心一个作为整体的国家。美国之所以能以民主政体的形式运转，是因为有足够多的为彼此（也即为了国家）承担责任的美国人，运用政府为所有人提供了足够的、类型合适的、保障大多数公民过上体面私人生活的公共资源。

理解了这一点，我们就需要注意到并感激这些公共资源，感激提供它们的公职人员。我们还要懂得，身为公民，我们要通过纳税和给予政治支持的形式来承担责任。

今天，私人领域对公共领域的依赖就更多了。我们公民虽然要工作，但政府提供了更多的东西——电网、公立大学、州际高速公路系统、公共资助的科学研究（带来了计算机科学领域的成果和所有的计算机技术），促成电信和互联网的卫星通信、现代医学、机场、空中交通管制系统、空军飞行员培训、疾病控制中心和食品药品管理局、环保机构、国家公园和国家纪念碑系统、公众资源管理系统、取代了旧的腐败制度的公务员系统，等等。而最重要的公共资源则是管理并保证上述所有公共资源正常运转的公共系统：一个承担这些任务的政府（治理制度）。

没有这一切，现代美国私人生活和私营企业的利益就不会得到保障。私依赖于公，公共资源促成了私人生活的可能。

理解这一点不需要太费脑筋，证据天天围绕着我们。以前，公共项目会竖起告示牌："你缴纳的税款派上了用场！"但如今似乎已经看不到这种告示牌了，我们的制度最基本的真相在很大程度上成了无人提起的事情。怎么会这样呢？

进步人士将其视为自己道德和实践设定的一部分，就像呼吸和看到天空是蓝色的那么理所当然。这里有一点关于大脑是怎样运转的重要事实。有一些想法和知识太深入人心了，很少会进入意识的层面。没有人会到处去嚷嚷“人在呼吸”或者“天空是蓝色的”。

但对于保守人士来说，私依赖于公的概念是诅咒——它不道德。保守人士对责任有着不同的看法。进步人士打心眼里相信共情（关心公民同胞）、个人和社会责任感，承诺为达到上述目的而尽最大努力。相比之下，保守人士只相信个人责任。

这带来了一种完全不同的民主观，即保守人士认为民主应该提供他们所谓的“自由”——能够追求个人利益，无须承担帮助他人的责任，无须承担任何帮助同胞公民的责任，也不受来自政府的干预。这种道德信念深深地扎根在保守人士的大脑里，一如进步道德观念深深地扎根在进步人士的大脑里。

在这里，我说“大脑”（brain）而不是“心理”（psyche）或者“思想”（mind），有一个深刻而重要的原因：所有的想法都是身体性的，通过大脑中的神经回路来实现。想法并不是飘浮在半空中的，因此你只能理解现有大脑回路允许你理解的东西。你赖以了解世界的基本框架是身体性的。你的道德认同与你的肺或鼻子一样，都是你身体的一部分。如果事实与你大脑所允许的范畴不吻合，那么大脑回路就会留下，事实要么会遭到忽视、打压、嘲弄，要么会被看成是应该与之对抗的不道德形式。私依赖于公是事实，可严格的保守人士要么看不见它，要么把它视为一种根本的不道德形式，必须不惜一切代价将其击败。

这是推动美国走向分裂的主要原因，也是令美国政府失灵的保守派举措的重要组成环节。将政府最大限度地私有化（私有化教育、公共卫生、公共安全、水资源、对商业行为的监管、大部分国防等）的保守举措，其背后的原因也在这里。

人的大脑可以改变吗？会有足够多的美国人的大脑发生改变，重新理解私依赖于公这一基本事实吗？在很多情况下，不会。但在绝大多数情况下，可以。使之成为可能的，正是双重概念论。

大脑与持续的公共话语

双重概念论是一个关于大脑的事实。有许多人的大脑里同时拥有进步和保守道德观，而且两者的构成比例各不相同。他们会把这些不同的道德价值观，应用到不同的议题上。

请记住，没有所谓的温和派意识形态，换言之，温和派没有一套共同持有的观点。温和进步人士主要持进步观点，但同时也有一些保守观点。温和保守人士主要持保守观点，但同时也有一些进步观点。没有任何一套政策，可以定义中间派。

进步和保守世界观是互相矛盾的，两者都通过神经回路在大脑中得以表达。同一个大脑中，怎么会有两种互相矛盾的神经回路呢？很简单，答案是相互抑制。这在大脑回路里极为常见：一条回路活跃时，另一条回路就被关闭了。什么时间哪一条回路打开，取决于背景语境。一个拥有两套世界观的人，会在不同的背景语境下把这两套世界观应用到不同的议题上。这导致的结果是，针对具体议题，负责不同价值观的大脑回路无意识地自动来回切换。这就是一个双重概念论者的真正含义。

通常，这些持双重概念论的选民是竞选所关注的重点目标，但共和党比民主党更了解怎样更好地打动他们。回想一下，所有的政治都事关道德，而选民隐含的道德感绝对是选民身份的核心。由于持双重概念论的选民拥有两套道德系统（一套为主，但也有另一套的部分观念），因此保守派需要在挽留自己的选民的同时，吸引部分保守的温和民主党人。反过来说，进步人士需要保留自己的选民，同时吸引部分进步的温和派共和党人。为达成这一目标，这里有一种诚实的战略，也有一套奥威尔式的战略。诚实的战略是，只使用自己的语言，避免使用对方的语言。这将在另一方温和派里最大限度地激活你的道德系统。奥威尔式战略则涉及使用对方的语言，试图“触及”那些持有温和或相反观点的人。但如果你使用奥威尔式语言，也有可能会激活对方的道德系统，让它变得更强大，最终搬起石头砸了自己的脚。

但是，一些政治组织会使用奥威尔式语言。举个例子，就在撰写这部分内容的一个小时之前，我收到了一通来自“工人自由中心”的语音自动电话，请我支持他们的一项据说旨在支持工人自由的举措。这是一家反工会组织，该举措也是反工会的，但语音电话里丝毫没有提及这一点。他们试图愚弄民主党人，让后者在不知情的条件下支持反工会举措。

进步人士务必理解，为什么只引用事实并不起作用，为什么必须持之以恒地关注公共话语，而不仅仅是聚焦于选举。

在公共话语方面，大脑运作的方式存在一套极其关键的逻辑。以下是这套逻辑的 10 个关键点：

1. 大脑回路越活跃，它的突触就越强。

2. 突触越强，点火启动的可能性就越大，启动的程度也越强。

3. 如果两条回路相互抑制，一条回路越强，另一条就越弱。

4. 假设两条相互抑制的回路适用于不同的议题，随着一条回路变强另一条变弱，强大的那条就可能会适用于更多的议题，弱小的那条则会缩小其适用范围。

5. 语言会改变回路的强度。保守立场的语言激活保守世界观的回路，进步立场的语言激活进步世界观的回路。

6. 符合一种或另一种世界观的图像变得越来越重要。

7. 语言和图像的使用频率很重要。语言或图像使用得越频繁，强化出现得就越多。

8. 记者所接受的训练就是要在公共话语中使用最常用的语言。

9. 美国转向保守，源自在公共话语中不断地使用保守派语言。就连进步人士也经常使用保守派的语言，进而对保守派的事业助了一臂之力。

10. 由于语言和图像对大脑的影响，持续使用这一种而非那一种意识形态的语言，对美国的政治产生了巨大的影响。

保守派更好地让自己的语言进入了公共话语。庞大的保守派沟通体系出色地完成了自己的任务，尤其是在美国民主的核心问题（私依赖于公）上。

保守派的核心战略是最小化甚至彻底消除为公共资源提供资金的税收。他们已经削减了为巨额税收漏洞辩护的富人的税，大幅削减了国税局的资金，让美国国税局没有足够的员工或现代计算机来监督逃税（主要是富人的逃税）。自 20 世纪 70 年代以来，税收的概念从有必要也受尊重的公共资源的来源，变成了"一种负担"——一种需要"缓解"的痛苦。

不断把税收说成是痛苦和负担，使得双重概念论者"转而"把税收视为负担，而不再将其视为让一个人的私人生活成为可能或者为企业的繁荣奠定基础的东西。一方面，保守派把这些框架带上了本垒；另一方面，进步人士却并未意识到也应该把自己的框架带上本垒，直到最后才发现对话已经彻底改变。“突然之间”，不仅保守派大谈税收负担、不谈公共服务的价值，媒体也这样，温和派也这样，最终“税收缓解”的说法甚至进入了进步派的对话。保守派选择“茶党”一词，就是为了让反对税收听起来具有爱国的意味。

唯一一位成功地推广了“私依赖于公”概念的进步派人士是伊丽莎白·沃伦（Elizabeth Warren）。她对此反复加以论证，并且2012年，她在竞选参议员时特别成功。奥巴马在总统竞选活动中曾对这一论点大声疾呼，但随后他在一次即兴公开谈话里把事情搞砸了。他说：“如果你拥有一家企业，创建它的并不是你，而是别人让它变成现实的。”保守派立刻跳起来对他的这番话加以恶毒攻击。奥巴马本可以在第二天以及此后的每一天对这个说法加以纠正，从而让该概念进入公共话语，让媒体完成接下来的任务，为之展现压倒性的证据。但当时担任总统的奥巴马太过胆怯，放弃了它，错失了一个改变公共话语的重要机会。

进步人士可以扭转局面吗？可以，但必须要有严肃认真的自觉承诺。民主党在任的总统以及每一位进步派候选人、民选官员和这样那样的公众人物，都可以从现在开始：反复使用正确的说法。把私依赖于公的概念与保守派人士理解的东西（即自由）联系起来。在一个又一个的案例中，公共资源促成了自由，提供了生活中的各种机会。正是公共资源所提供的自由，才使之成为美国民主的核心。

采用正确的说法，反反复复地说，是一条适用于各项议题的建议。

03

隐喻：我们是怎样被操纵的

恐怖袭击改变了我们的大脑

我们的一切认知都要经过大脑神经系统的生理印证。

“9・11”事件之前，我们对美国、曼哈顿、世界贸易中心、空中旅行和五角大楼所了解的一切，都与我们的身份认同紧密相关，也与我们对日常生活中许多习以为常的东西紧密相关。这些都以生理的形式存在于我们的神经突触当中。曼哈顿是世代移民踏入美国的门径，远离战争和杀戮，充满自由生活的机会。

曼哈顿的天际线对我的人生意义重大，这种意义甚至超出了我的认知。每念及此，我便想起母亲。她出生于波兰，尚在襁褓时便来到了曼哈顿，并在这里长大。她在一家工厂工作了25年，有家人，有朋友，有生活，有孩子。她对自己的人生没有恐惧。对她来说，美国或许并非有她想要的一切，但也足够好了。

我在天际线对面新泽西州的贝永市（Bayonne）长大。我小时候还没有世界贸易中心，但很多年以后，它成了曼哈顿天际线的一大亮点，也成了我和许多人心目中纽约的象征。它不仅象征着美国的商业中心，还象征着文化中心和通信中心。因此，它成为美国的象征，意味着在日常生活中远离伤害，做好工作就能好好生活，不管是当秘书，搞艺术，做管理者、消防员、销售员、老师，还是当电影明星。之前我并没有意识到这一点，但这些概念与我的身份认同，作为一个人，也作为一个美国人紧密相连。而在 2001 年 9 月 11 日那天上午，这一切，还有更多其他的东西，都只留存在了我的大脑里面。

双塔被撞击的惨剧把我吓坏了。我们常把建筑物比喻成人，窗户就像是五官。我现在意识到，撞进世界贸易中心南楼的飞机，对我来说就像是一颗子弹射进了人的脑袋，而大楼另一面冒出的火焰就像是喷溅而出的鲜血。这是暗杀。大楼倒下，如同身躯倒下。倒下的身躯，是我，是亲戚们，是朋友们。从前在大街上见面微笑着打招呼的人，尖叫着跑过我的身边，有些人还跌倒在地。惨剧之后的情形则是地狱：灰烬、烟尘、气焰升起，建筑只剩下骨架、黑暗、痛苦、死亡。

攻击双塔的人撞进了我的大脑，哪怕他们身在几千千米之外。所有这些符号象征，以远超我所想象的方式关联着我的身份认同。为了理解这一点，我的大脑必须改变，而它也确实十分痛苦地改变了。日日夜夜，苦不堪言。白天，惨剧造成的后果充斥在我的脑子里；夜里，惨剧的画面让我喘着粗气，噩梦让我辗转无法入眠。这些符号活在我大脑的情感中心里，随着它们的意义改变，我在情感上痛苦难耐。

不只我这样，美国的所有人，还有其他国家的许多人，都是这样的。凶手们不仅杀害了成千上万的人，还深刻地改变了全体美国人的大脑。必须指出的一点是，所有美国同胞都和我感受到了同样的痛苦。

影像改变大脑

作为一个专业分析隐喻的人，我想从影像的力量和力量的源头着手改变大脑。

建筑物有着多种多样的隐喻。常见的视觉隐喻是，建筑物是头，窗户是眼睛。这个隐喻沉睡在我们的大脑里，等待着被唤醒的时机，飞机撞进世界贸易中心南楼的影像激活了它。塔楼变成了头，窗户是眼睛，高楼的最顶端是太阳穴。穿过它的飞机就像是子弹穿过人的脑袋，塔楼对面冒出的火焰就像是喷溅而出的鲜血。

人们还常常把高楼大厦隐喻成直立着的人。大楼的倒下，就像是身躯倒下。平时我们并不会有意识地觉察到隐喻中的影像，可身临其境时，它们就成了我们所感受到的力量和恐惧的一部分。

大脑运动前皮层里有镜像神经元。我们在做动作或看到别人做相同的动作时，这种神经元就会被激活。大脑的这一部分跟情感中心是连接起来的，因此科学家们相信，这种神经回路是共情的基础。

镜像神经元在字面意义上发挥着作用：每当我们看见一架飞机朝着建筑物飞去，又联想到建筑物中的人，我们就会感到飞机在朝着自己飞过来；每当我们看见建筑物向一侧倾倒，我们就会感觉它朝着我们倾覆下来。镜像神经元还在隐喻意义上发挥着作用：如果我们看到飞机穿过高楼，并在不知不觉中唤起大脑中建筑物是头、飞机穿过了太阳穴的隐喻，那么我们就会感觉（无意识却有力地）自己被子弹击穿了太阳穴。如果我们唤起了建筑物是人的隐喻，看到建筑物呈粉碎状地倒下去，我们就会感觉（仍然是无意识却有力地）自己正粉身碎骨地倒下去。我们的隐喻性思维系统与镜像神经元系统互动，把外在的恐怖转换成了可以感受的隐喻性恐怖。

这里还有一些具有隐喻和象征作用的例子：

- **控制终结**。你必须控制局面，掌控全局。双塔一直被视为权力的象征。因此，双塔的倾覆意味着失去控制，失去权力。
- **生殖器意象**。双塔是阳具力量的象征，双塔的垮塌强化了力量丧失的概念。这里还有另一种更加关键的生殖器意象：飞机冒着自豪的热气穿透了双塔，五角大楼（从高空中看像是阴道）被飞机刺穿。这种生殖器阐释来自女性，恐怖袭击和电视上的影像让她们感到自己受到了侮辱和冒犯。
- **社会就是一座建筑**。社会有“基石”，基石可能不够稳定，会“崩溃”，会“倾塌”。世界贸易中心是社会的象征。它的崩溃，其意义远甚于一座建筑物的倒塌。
- **持久**。永垂不朽的东西，我们会认为它“持久”。乔治· H. W. 布什（老布什）在海湾战争中反复地说“这不会持久的”，意思是说局面不会陷入僵持。修建世界贸易中心的时候，人们希望它能久久地矗立上万年。它的倒下提出了这样一个隐喻性的问题：美国的实力和美国社会还能不能延续下去？而这也是它会遭到恐怖分子袭击的原因所在。

- **世界贸易中心是神殿。**资本主义商业的神殿，美国社会的核心，毁灭了。
- **我们的意识在和我们开玩笑。**曼哈顿天际线的影像现在变得失去平衡了，毕竟美国人早已习惯看到双塔矗立在那里。大脑把双塔的旧日形象强加给我们，看到它们消失了会让人们产生一种失衡的幻觉，仿佛曼哈顿沉底了。又因为曼哈顿象征着美国的承诺，所以它在隐喻上显得像是美国的承诺也沉底了。

现在，竖立在世界贸易中心原址的建筑物是自由塔。它不再像世界贸易中心那么独特，其意义也不复以往，不再代表着美国正常生活的稳定性。

- **地狱。**对于断壁残垣、死伤遍地的现场，人们意识中早有了一个持久的形象——来自地狱的景象。

世界贸易中心是一个有力的象征符号，它以各种方式凝结在美国人对国家和自身的认知当中。美国人所认知的一切，都刻印在大脑里。纳入新知，需要人们从生理上改变大脑的突触，从生理上重塑自己的神经系统。

身体暴力不仅仅出现在纽约和华盛顿，所有美国人的大脑都出现了生理上的变化（暴力改变）。

政府怎样为惨剧建立框架

人们应当注意到小布什政府建立框架、重建框架，以及寻求隐喻的行动。最初的框架是将“9·11”事件视为针对受害者的犯罪行为，肇事者将被“绳之以法”，并受到“惩罚”。可犯罪框架涉及法律、法院、律师、审判、判刑、上诉等。几个小时之后，犯罪就被修改成了战争，相关用语也改为“伤亡人员”“敌人”“军事行动”“战争实力”等。

时任美国国防部长唐纳德·拉姆斯菲尔德（Donald Rumsfeld）和其他小布什政府的官员曾指出，“9·11”事件的情况并不符合他们对战争的认识。这件事件中确实有敌人和伤亡人员，但没有敌人的军队，没有作战编队、坦克、战舰、空军，没有战场，没有战略目标，没有明确的胜利。因此，战争框架并不合适。当时的美国国务卿科林·鲍威尔（Colin Powell）则一直认为，如果没有具体的打击目标，没有清晰可实现的胜利目标，没有明确的退出战略，就不应该投入作战部队，不应该做出没有明确结果的承诺。他也指出，在眼下的这场“战争”中，上述一切都不存在。

因为战争的框架不合适，所以美国政府开始疯狂地搜寻恰当的隐喻。最初，小布什把恐怖分子叫作“懦夫”，但对那些愿意丢掉性命、实现自己的道德和宗教理想的人来说，这个词不太适合。后来他说“用烟雾把他们熏出藏身的洞穴”，就好像恐怖分子是老鼠。拉姆斯菲尔德则说“抽干他们栖身的沼泽地”，就好像恐怖分子是蛇，是低等、卑微的沼泽生物。这里的概念性隐喻是：道德是崇高的，邪恶是卑微的（恐怖分子地位低下），邪恶的人是动物（他们生活在底层）。

小布什的演讲稿执笔人戴维·弗鲁姆（David Frum）创造了“邪恶轴心”（Axis of Evil）一词。在小布什2002年的国情咨文中，这个词被用来指代伊朗、伊拉克等国，小布什政府还反复用它来为伊拉克战争辩护。轴心国原本指的是第二次世界大战时的敌对国——德国、意大利和日本。轴心国横跨东西半球，代表了美国的死敌分布在全球范围内。将伊拉克跟伊朗等国相提并论，暗示了伊拉克正在开发核武器（不存在的“大规模杀伤性武器”），并为入侵伊拉克提供了借口。轴心国还包括日本，这就唤起了珍珠港被偷袭的联想。这种隐喻象征性地将“9·11”袭击与珍珠港被袭等同起来，又一次充当了发动战争的理由。基于美国民主的假设，任何攻击美国的人都是邪恶的，而2001年9月11日发生的事情无疑也是邪恶的。

政府演说中使用“邪恶”这个词，以如下方式发挥着作用。在保守派的严父道德中，邪恶是一种可以感知的东西，是世界上的一股势力。要挺身而出对抗邪恶，你必须有着强烈的道德心。如果你软弱，让邪恶获胜，那么软弱本身就成了一种邪恶，纵容软弱亦然。邪恶是天生的，是本质特征，它决定了你如何在世界上行事。邪恶的人做邪恶的事，不需要进一步的解释。邪恶没有任何原因，不用辩论。邪恶的敌人就是好人。如果我们的敌人是邪恶的，我们就是天生的好人。善良是我们的本性，我们对抗邪恶的战斗就是好事。这种说法把善和恶锁定在战斗当中，从概念上将其变成一场强者获胜的打斗。只有出众的实力才可以战胜邪恶，只有展示实力才能抵挡邪恶。不展示压倒性的实力是不道德的，因为它诱使坏人做更多的坏事，让坏人以为自己能够逃脱惩处。因此，反对展示强大的实力是不道德的。在一场正邪之战中，没有什么比这更重要。如果有无辜的非战斗人员挡了道、受了伤，这固然是耻辱，但也是事先可以预料到的，没办法补救挽回。事实上，以行善的名义行“小恶”是正当的，比如削减个人自由、暴力审讯、雇佣罪犯等。

此外还有“基本安全”（basic security）的隐喻，安全就是遏制，把作恶者挡在外面。保护国家的边境，把坏人和坏人的武器挡在一国的机场之外，飞机上增设法警。大多数安全专家说，没有稳妥的方式能够挡住恐怖分子、不让他们使用这样那样的武器，意志坚决、资金充足的恐怖组织可以渗透进任何安全系统。他们还可以选择其他目标，比如油轮等。

把遏制隐喻为安全这种说法很有力量。导弹防御系统建议背后就蕴含着这种想法。理性人士可能会说，“9·11”事件说明导弹防御系统毫无意义。但它强化了安全就是遏制的隐喻，只要你一说到国家安全，就会激活遏制隐喻以及与它相关的导弹防御系统。

如你所料，小布什政府的反应是正宗的保守派的反应：纯粹的严父道德。在这个世界上，自由散漫、不受约束是邪恶的。我们必须展示实力，消灭邪恶，我们要复仇。如果有人员伤亡或间接损失，那也是没办法的事情。

自由派和进步人士的反应却大相径庭：呼吁正义，而非复仇；要理解，要克制。我们的行动模型应该仿效救援人员和医生，不能模仿引爆炸弹的人。我们不应该为了将肇事者绳之以法就牵连无辜的生命。大规模轰炸阿富汗和伊拉克，害死无辜的民众，只会说明美国人并不比恐怖分子好多少。

但布什政府的保守信息主导了媒体，整件事情都采用了他们的框架。正如纽特·金里奇（Newt Gingrich）在福克斯电视台上所说的，“复仇就是正义”。

了解这一框架的历史在眼下至关重要，因为它又卷土重来了：保守派攻击奥巴马使用“软实力”（外交和经济杠杆）的呼吁，并且号召在世界战乱地区加强军事力量和干预。

这不禁让我一次又一次地想起甘地的话：“欲变世界，先变其身。”这句话不仅适用于个人，也适用于政府。

进步人士对待恐怖事件的话语形式

面对小布什开展全面反恐战争的提案，可敬的加州民主党人士芭芭拉·李（Barbara Lee）投出了唯一的一张反对票。她是这么说的：

> 我深信，军事行动不能阻止国际恐怖主义对美国采取进

> 一步行动。这是一个非常复杂的问题……不管投出这张否决票有多么艰难，我们中总得有人站出来呼吁保持克制。全美上下正处于哀悼状态，我们中必须有人站出来说，让我们稍微退后一点点。让我们暂停一分钟，彻底想清楚我们今天采取的行动会有什么样的影响，好让这一切不会失去控制。
>
> 投出这样的一票，我很痛苦，但我今天必须面对它。在这场极为痛苦却又无比美丽的哀悼会上，我必须投出这张反对票。身为神职人员，我要说，在我们采取行动的时候，切莫变成我们谴责的那种恶人。

我赞同芭芭拉·李的说法。但站在语言学家的角度，我很惊讶她使用了这么多的否定说法："不能阻止""克制""不会失控""切莫变成我们谴责的那种恶人"。朋友们手里流传着一份请愿书，呼吁"要正义，不要复仇"（justice without vengeance）。"不要"是另一个隐含的负面说法。我并不是说这些负面陈述错了。但是，人们需要的是积极的话语形式，比如下面这些。

关键概念在于责任，这是进步派与自由派人士道德的核心。他们眼中的道德始于共情，也就是理解别人、感受他人感觉的能力。这是责任的先决条件，即对自己、对别人、对需要照料的人、对整个社区的责任。"9·11"恐怖袭击事件过后，我们在纽约救援人员身上看到的就是这种价值观。

责任要求能力和效率。如果你要负责地对付恐怖主义，就必须有效地处理其形成的原因。轰炸无辜贫民，通过摧毁其国内基础设施来伤害他们，效果恐怕适得其反，而且不道德。责任，意味着在浮躁、压倒性的力量下保持冷静。

美国的外交政策和国内政策

外交政策

当恐怖威胁来自个人团体而非国家时，当国家内部发生战争时，当人口过剩威胁稳定又出现灾难性的全球变暖时，当不宽容的文化限制自由、宣扬暴力时，当石油经济威胁地球的未来时，当今世界的核心问题是无法从国家层面上解决的。

国家层面上的回答是，认识到全球的相互依存关系，以外交、结盟、国际机构、强大的防御和维和部队作为重点外交政策，战争是迫不得已的最后手段。但我们更需要的是一种道德的外交政策，一种意识到只有世界变得更美好，美国才会变得更美好的政策。

在以价值观为基础的外交政策中，从前没有纳入外交政策的议题会成为中心环节。妇女教育是缓解人口过剩、促进社会及经济发展的最佳途径；可再生能源可以让世界摆脱石油的控制；食物、水、卫生、生态、企业改革都成了外交事务。这些议题从前都被留给了国际游说团体，不少团体还把工作做得相当出色。但是，这些议题需要采用综合的方法，依靠一套下定决心解决它们的外交政策。

奥巴马政府理解这些都是外交政策议题，并朝着这一方向采取了行动。但他为此遭受了抨击，媒体尚未意识到它们是外交政策议题。为什么会这样呢？

外交政策专家们传统上用来定义外交政策的隐喻，把这些重要的考量排除在外。他们用的隐喻主要是关于自身利益（如理性行为者模型）、稳定（物理方面的隐喻）、工业化（不够工业化的国家就是“欠发达”国家）、增长（当前的经济有赖于市场的增长、廉价劳动力的增长、丰富的廉价资源的增长）和贸易（自由就是自由贸易）等方面。

这里有另外一种思考外交政策的方法。若使用该方法，所有这些议题都成了外交政策中自然而然的一环。我们可以先假设，国际关系运作顺利是因为大家遵循了国际社会的某些道德准则。大多数时候人们注意不到，因为大家基本上都遵守了这些准则。如果有人违背了这些准则，我们就会发现出了问题。有鉴于此，外交政策以这些准则为中心就合乎情理了。

我提议的这些道德准则，出自《道德政治》一书，我称之为抚养者道德。抚养者道德认为，道德行为应当以共情和责任为中心，即对自己，也对需要你的其他人负责。很多事情都遵循这些核心原则：公平、限制暴力行为、关怀伦理、保护需要保护的人、承认相互依存、围绕共同利益展开合作、建设社区、互相尊重等。套用到外交政策上，抚养者道德准则会让美国政府坚守《反弹道导弹条约》[1]，签署《京都议定书》[2]，并自觉自愿地将上述问题（如环境和妇女权利等）纳入外交政策。

当然，这体现了三项原则：多边主义，相互依存，国际合作。但是，就算不遵循抚养者道德，这三项原则也完全可以适用于彻底的保守派外交政策。小布什的外交政策着眼于追求自身利益，即“最符合美国的利益”。民主党领导人批评小布什在《反弹道导弹条约》和《京都议定书》上犯了孤立主义和单边主义的错误，但这并没有批评到点子上。小布什既不是孤立主义者，也不是单边主义者，他只不过是遵循了追求自我利益的既定政策，以严父道德作为个人指导原则罢了。

试想一下，如果小布什在宣布自己的政策时得到了法国、德国，甚至联合国的全力支持，那会怎么样呢？美国民众会称他是国际主义者和多边主义者了。在他看来，只要符合美国的利益，他会跟愿意的国家合作，组成“志愿联盟”（the coalition of the willing）。小布什是否表现得像个多边主义者，取决于有没有人愿意附和。自身利益跨越

①《反弹道导弹条约》全称《限制反弹道导弹系统条约》，是苏联和美国于 1972 年签署的一项双边条约。该条约被视为全球战略稳定的基石，目前有 32 个裁军和核不扩散的国际条约与这一条约挂钩。但 2001 年 12 月 13 日，美国总统小布什在白宫正式宣布退出该条约。——译者注

②《京都议定书》是《联合国气候变化框架公约》的补充条款，1997 年 12 月在日本京都由《联合国气候变化框架公约》的参与国第三次会议制定。其目标是“将大气中的温室气体含量稳定在一个适当的水平，进而防止剧烈的气候改变对人类造成伤害”。美国作为《京都议定书》的参与国之一，从条约中退出了。条约只有得到美国国会的批准才会对美国有效。——译者注

了单边主义和多边主义的界限，小布什的外交政策就是赤裸裸地追求自身利益的一个方面。

有趣的是，抚养者道德政策和小布什政府发动新一轮战争的理想化愿景，竟然存在明显的重合部分。简单地说，重合的部分就是拒绝参与或支持恐怖主义这一道德准则。左翼和右翼在这一点上的意见似乎是完全一致的，但这是错觉。

在抚养者道德政策中，反恐来自另一种道德准则：对无辜者施加暴力是不道德的。海湾战争结束不到一年，美国中央情报局报告说，大约有 100 万伊拉克平民因战争和物资禁运而死亡。由于污水处理厂、医院、发电厂等设施遭到美军破坏，食物和药品配给被切断，许多人死于疾病和营养不良。战争造成了更多无辜者的死亡。

按照保守派的道德观来说，这是一场正邪之战，“更小的恶”是可以容忍的，甚至是必要的、可以预料的。“杀害无辜平民进行报复，会让我们变成跟恐怖分子一样的坏人”，自由派认同这种看法，保守派却不以为然。

欲变世界，先变其身！如果美国希望终结恐怖主义，就必须终结自己所散播的恐怖，并终止资助针对非西方国家的恐怖主义行为。

道德准则外交政策，也就是利用外交和经济手段，将武力行为控制在最低限度，是唯一明智和人性化的外交政策。

国内政策

出于理性的考虑，我担心“9·11”事件给了小布什政府在国内事务上放手走保守路线的机会。当时没见到有媒体讨论这个话题，但情况的确如此。政府并未通过对富人增税来筹措战争资金，反而减了税！“密码柜”里的社会保障盈余被取出来用于偿付战争了，而且国会里的每一名民主党参议员都投票支持这种做法（只有一人例外）。

当时大家预计反恐战争要用去400亿美元，但实际上，它早已经用掉了3万亿美元。如果你把后续治疗战争中受伤的退伍军人、扶植伊拉克和阿富汗政府也算上，这笔费用还会不断地往上涨。它破坏了美国的经济（美国的教育制度和基础建设），夺走了大量的公众迫切需要的公共资源。穷人和中产阶级变得更穷困了，富人反倒变得更加富裕了。地球的温度进一步升高，保守派运动声势日益壮大。

这是系统性因果关系的另一个教训。外交政策和国内政策互相交缠。为战争制造的枪械可以拿到枪展上出售，也可以用于杀害儿童。为了监视海外敌人所开发的无人机和计算机技术，也可以用于监视国内的公民。花在海外战争上的钱，耗干了美国国内的公共资源。

隐喻也能杀人

我之前刚着手写这一章节时，伊拉克战争即将爆发。我将其收录在这里，是想让读者们感受一下：对框架的研究，怎样帮助我在那场战争开始之前就认识、理解了它。

1990 年，海湾战争刚开始时，我在一篇文章的开头这样写道："隐喻也能杀人。"如今，好多那时的隐喻概念卷土重来，只是放在了一个完全不同，甚至更加危险的背景之下。由于伊拉克战争很快就会爆发，说不定就在明天，因此我们有必要赶在战争开始之前，好好审视一下用来证明这场战争正义性的隐喻概念。

外交政策适用的核心隐喻是，一个国家就是一个人。每天它都会被用上几百次。每一次，伊拉克这个国家都跟萨达姆·侯赛因等同起来。保守派告诉我们，这场战争不是针对伊拉克人民的，它只针对萨达姆这个人。普通美国公民也使用这个隐喻，他们会说"萨达姆是个暴君，我们必须阻止他"。但这个隐喻背后隐藏的事实是，战争前两天美国在伊拉克投下的几千枚炸弹并没有砸在这个人的脑袋上，而是杀死了成千上万个与之无关的人。按照这个隐喻的说法，这些人都不是美国发动的这场战争的攻击对象。

"一个国家就是一个人"的隐喻很常见，它是一种有力的修辞手法，也是一套精致的隐喻系统中的一环。它是国际社会隐喻的组成部分，比如国际上有友好国家、敌对国家、无赖国家等。伴随这个隐喻而来的是国家利益的概念：正如一个人健康、强壮是好的，一个国家在经济上健康、军事上强大也是好的。

国际社会里住着“国家人”（nation-persons），因此其成员就有了“成年国家”与“儿童国家”之分，以“成熟”隐喻“工业化”。儿童国家是第三世界的发展中国家，正处在工业化的过程中，需要有人教育它们如何恰如其分地发展。如果它们不听从指示，就必须受到“处分”，比如国际货币基金组织的处分。“落后”国家就是不发达国家。伊拉克本来是人类文明的摇篮，但从这种隐喻来看，它成了一个叛逆的持枪少年流氓，拒绝遵守规矩，必须给点教训。

国际关系社会为“一个国家就是一个人”的隐喻增加了所谓的“理性行动者模型”的隐喻。这个概念认为，不理性的行为不符合你的利益，因此，国家会像理性行为者那样采取行动，努力使自己的所得和资产最大化，使自己的成本和损失最小化。海湾战争就使用了这个隐喻，国家的“资产”包括士兵、物资和金钱。由于美国在海湾战争中损失的“资产”很少，因此战争结束后，《纽约时报》商业版就像在聊一桩生意那样做起了报道。因为伊拉克平民不是美国的资产，不用算作“损失”，所以没有人公开统计过到底有多少平民因为战争及随后的制裁送了命、致了残，有多少孩子挨了饿、生了重病。这个预估数字从 50 万到 100 万都有，甚至更多。然而，公共关系却是美国的资产：媒体上过度报道杀戮是公关没做好，是损失。现在，这些隐喻又回来了。美国人死伤不多的一场短暂的战争，能最大化地降低成本。但战争持续时间越长，伊拉克人的抵抗越多，美军的伤亡就越多，美国“刀枪不入”的形象就越难维持下去，这场战争也就会越显得像是针对伊拉克人民的战争。这样“成本”就高了。

根据理性行为者模型，各国自然会按照最符合自己利益的方式行事——保护自己的资产，即本国民众、基础设施、财富和武器等。美国在海湾战争中就是这么做的，现在也是这么做的。但在海湾战争中，萨达姆·侯赛因就不符合美国政府所说的理性行为者模型，他的目标是维护自己在伊拉克的权力。尽管这个目标或许符合其自身的道理，但从理性行为者模型的角度来看，它是“不理性”的。

战争与童话

把国家当成人的隐喻，最常见于美国试图把这场战争说成是“正义之战”的修辞手法。正义之战的基本概念就是用了“一个国家就是一个人”的隐喻，外加经典童话故事里的两种叙事结构：自卫和救助。

每一个故事里都有英雄、受害者和恶棍。在自卫故事里，英雄和受害者是同一个人。恶棍都是本性邪恶、不理性的，英雄不能跟恶棍讲道理，而是必须跟他战斗，打败并杀了他。受害人必然是无辜的，这无可非议。最先犯罪的都是恶棍，英雄击败了他，达成了道德故事里的善恶平衡。如果各方都是“国家人”，那么自卫和救助故事就构成了“英雄国家”的正义之战。

老布什在海湾战争中讲述了自卫的故事：萨达姆“威胁着我们的石油生命线”。美国民众并不买账。紧接着，他找到了一个成功的故事，一个救助的故事：科威特遭到了“强奸”。它的接受度很高，而且至今仍然是关于那场战争最受美国民众欢迎的叙事方法。

在伊拉克战争中，小布什也拿出了两个相同的故事，只是做了一些调整。这在很大程度上能解释美国媒体上的报道以及小布什和鲍威尔的讲话。如果他们能证明萨达姆·侯赛因等于基地组织（也就是他帮助或窝藏了基地组织成员），那么他们就能拿出自卫的故事，让“正义之战”的说法成立。又如果，他们找到了有待部署的大规模杀伤性武器，那么自卫的故事也能成立。

事实上，尽管缺乏正面的证据，尽管世俗的萨达姆和宗教激进主义的拉登互相看不起，小布什政府仍然设法让40%的美国民众相信两人互有联系。美国政府对士兵们也讲述着同样的故事，因此，美国的军人认为自己去伊拉克是为了保卫自己的祖国。在救助故事中，受害者是伊拉克人民和萨达姆的邻国，萨达姆并没有攻击这些国家，可后者却将其视为威胁。这就是为什么小布什和鲍威尔不停地列举萨达姆对伊拉克人民犯下的罪行，以及他可以用来伤害邻国的大规模杀伤性武器。大多数美国人再一次接受了政府关于伊拉克战争是在救助伊拉克人民、保护周边国家的说法。事实上，这场战争威胁了伊拉克人民的安全和福祉。

还有，为什么此时美国政府对法国和德国怀有浓厚的敌意呢？

通过“一个国家就是一个人”的隐喻，它们都应该算是美国的朋友，身为朋友，就应当在美国需要的时候支持美国，挺身而出帮助美国。朋友们应当忠诚。但出于这样的逻辑，法国和德国变成了“酒肉朋友”！当你需要它们的时候，它们却没影了。

这就是美国政府和媒体为美国人民确立的战争框架。全世界数不清的人都能看出这个隐喻和童话故事与当前的形势并不吻合，伊拉克战争算不上一场“正义之战”。但如果你接受了所有的这些隐喻（就像受了美国政府、媒体误导的美国人一样），再加上民主党没能提出有效的反对意见，那么，伊拉克战争看起来的确像是一场正义之战。

但可以肯定的是，大多数美国人已经看到了被曝光出来的事实：萨达姆和基地组织之间缺乏可信的联系，美国政府没有找到大规模杀伤性武器。他们也听说了如下设想：美国的炸弹会炸死、炸伤大批无辜的伊拉克平民。可为什么他们没能得出理性的结论呢？

认知科学的基本结论之一是，人们会从框架和隐喻的角度去思考。框架在我们大脑的突触里，以神经回路的形式真实地存在着。如果事实跟框架不吻合，留下的是框架，被抛弃的是事实。

进步派有一个共同的信条：事实能带给你自由，即只要你把事实摆在人们眼前，每一个理性的人都会自动得出正确的结论。这是一种虚空的妄想。人类的大脑才不这样运作呢，框架事关重要。框架一旦确立起来，就很难消除。

海湾战争中，鲍威尔向国会做证。他对国会解释了理性行为者模型，并简短地阐述了普鲁士将军克劳塞维茨（Clausewitz）对战争的观点：战争是买卖，政治要靠其他手段去推行。国家追求自身利益是一件自然而然的事情，若有必要，它会使用武力为自身利益服务。这很自然，也合情合理。

对老布什政府来说，这场战争控制了世界第二大已知石油储备的流向，并在控制整个中亚的石油流向上占据了有利位置，进一步强化了美国的自身利益。这保证了美国对一个重要地区的能源的支配地位，并得以控制世界各地的石油销售。在替代燃料尚未出现的情况下，谁控制了世界石油的流通，谁就控制了世界政治和经济。

我在 1990 年写的文章并没有阻止海湾战争，这篇文章也不会阻止伊拉克战争。那我这又是何苦呢?

我认为，理解政治的认知维度极其重要，尤其是当我们的概念框架大部分是无意识的，我们可能并不知道自己的隐喻性想法的时候。有人叫我“认知活动家”，我觉得这个标签挺合适。身为教授，我会对政治的语言和概念议题进行分析，并尽可能地做到准确。但分析行为也是一种政治行为。意识是关键，清楚到底发生了什么事才能改变正在发生的事——至少就长期而言是如此的。

The ALL NEW
Don't Think of an
Elephant!

PART 2

实战指南

The ALL NEW
Don't Think of an
Elephant!

04

知己知彼：了解对手的思路，找到自己的方向

保守派的核心观念

自由派人士往往不理解保守派，这种困惑正日益显现出来。一方面，自由派人士看到保守派派系林立，对他们的分裂感到欣慰：茶党、自由意志论者、新保守主义者、华尔街保守派。共和党多数党领袖埃里克·坎托（Eric Cantor）被一个茶党的无名之辈赶下台；约翰·博纳（John Boehner）[①] 无法控制他在众议院的多数席位。共和党初选举步维艰。

但另一方面，科赫兄弟和其他共和党富豪资助美国各地党政各级的共和党候选人，又把自由派人士吓得够呛。他们害怕共和党人接管美国。

这到底是怎么回事呢？保守派之间的分歧、争执、厌恶，甚至仇恨，都是真切存在的。但这是保守主义的撕裂吗？许多人说，是的。

① 曾任美国众议院议长。——译者注

撕裂理论很容易理解，并且经常被拿出来讨论。

另外，这还有一种可能：这些不同的势力，构成了一套把不同零件整合到一起的系统。这个系统也许会在关键时刻让保守派因意见相同而变得更加强大。整合理论尚未进入人们的考量，但很有可能，保守派在系统层面上所发生的情形正是如此。想想看，从奥巴马医改到堕胎法案，再到最高法院关于霍比罗比超市案的裁定，来自保守派阵营的意见是何其一致！它力量强大，而且在很多情况下，各种各样的保守派都在激烈地反对所有自由派人士和自由派立场。只要保守派找到了与自己压倒一切的道德框架始终符合的共同点，他们的意志就会增强。

保守派内部派系林立，非但不会让他们在整体上变弱，反而增强了他们的力量。如果这是真的，那么进步人士最好当心一些。

然而，不管进步人士怎样看待保守派的分裂，都务必要了解保守派是什么样的人，以及作为整体和个人，他们想要的是什么。

正如我们所见，保守主义的核心是严父道德观。但严父道德观十分复杂，也有着自然产生的变种。自由派人士没有理解的地方是，多样性可以从整体上为保守主义带来不容小觑的力量。

不同版本的保守主义是由特定的利益领域定义的。严父道德观适用于所有领域，如个人自由和个人利益、世界权力、商业和社会等。

这些利益领域分别以自由意志论者、新保守主义者、华尔街保守派和茶党为特征，如表 4-1 所示。

表 4-1 **不同保守派类型的利益领域**

利益领域	保守派类型
个人自由	自由意志论者
世界权力	新保守主义者
商业	华尔街保守派
社会	茶党

这些人有着同样的严父道德观，却以不同的方式将其应用于他们最关心的领域。这种分裂并不存在于道德理论中，而是存在于利益领域中。尽管有一些差异，但他们仍然是一体的。

专注于不受阻碍地追求自身利益，并由此产生的对国家权力凌驾于个人之上的极端限制，定义了右翼思想的自由意志主义的张力。

新保守主义者认为，他们可以肆无忌惮地使用权力，包括国家权力，将严父道德观和理念扩展到美国国内，甚至国际的每一个领域。他们着眼于全球金融、军事力量，以及国内的权力运用。他们有时会跟自由意志论者意见相悖，后者反对动用政府权力，反对发展并运用国家权力进行全球参与。

华尔街保守派主要关心的是通过企业从世界各地获取财富。他们包括企业的首席执行官和高层管理人员、投资银行家、风险投资家、私人资产经理、对冲基金经理，以及任何以投资为主要收入的人。此类保守派在政治上有很多关注点：税收政策、经济条约、进出口政策、对外国投资的保护、政府合同、政府土地上矿产的开采、专利和版权的保护、产权与环境权、能源供应、市场控制、公共资源的私有化，等等。他们往往会通过说客、广告，以及对媒体和公共话语的控制来运作。

最后，还有来自茶党保守派的社会和宗教文化斗士，他们希望在文化战争的每一条战线上积极反对自由和进步人士。

整体而言，右翼试图对美国以及世界各地施加严父道德观。虽然不同的保守派在细节上有些许差异，但他们有着共同的倾向性。许多进步人士低估了严父道德观的激进性。

下面，让我们来看看激进右派的意识形态是什么样子的。

道德秩序。传统的权力关系定义了自然的道德秩序，认为上帝高于人，人高于自然，成人高于儿童，西方文化高于非西方文化，美国高于其他国家。道德秩序往往还会延伸如下：男人高于女人，白人高于非白人。

道德。维护和扩展保守道德体系（严父道德）是处在最优先地位的。

道德以道德权威订立的规矩或诫命的形式来表现。所谓有道德，就是服从该权威。它要求以内在的纪律控制人的自然愿望，遵从道德权威。权威是什么取决于你所在的利益领域：个人、监管机构（包括公共的和私人的）、保守的社会，等等。

纪律主要通过惩戒童年时期的不良行为来习得。只有通过奖惩系统，人们才能维持道德。

经济。对稀缺资源的竞争同样影响了纪律，并由此服务于道德。要求道德的纪律与赢得竞争、实现成功所需要的纪律是同一种。认为富裕的人往往是好人，是天然的精英。穷人贫穷，是因为他们缺乏实现成功所需的纪律。因此，穷人理应穷，为富人效力。富人需要穷人为自己效力，也理应得到穷人为自己效力。因此，富人和穷人之间日益增大的差距，似乎是天然的、有益的。

就市场“自由”而言，它是自律的人（典型的好人）利用个人纪律积累财富的机制。自由市场是道德的：如果人人都追求自我利益，那么所有人的利益就会最大化。竞争是好的，它带来了资源的最优使用和自律的人，是为道德服务的；监管是坏的，它阻挡了自由追求利润的道路。富裕的人通过投资，通过为穷人提供就业机会，造福了社会。这种财富的分配方式最终有利于公共利益，它奖励自律的人，强迫缺乏自律精神的人学习自律，否则他就得苦苦挣扎。

政府。社会福利项目是不道德的。它让人不劳而获，丧失了自律的动机，而自律对于道德和成功而言都是必需的。因此，政府应当消灭社会福利项目。凡是私人领域可以完成的事情，都应该交到私人领域。政府自有恰当的角色要扮演：保护美国人的生命和私人财产，让自律的美国人尽量容易地追求自我利益，推动保守的道德（严父道德）以及保守的社会文化和宗教。

教育。由于维护并推广保守道德是最高目标，因此教育应当为这一目标服务。学校应该教授保守的价值观念。为保证这一点，保守派应当获得对学校董事会的控制权。老师应当严厉，不应该一味地照顾学生，他们应当为学生确立榜样，对自己教授的内容言传身教。因此，教育应当促进纪律，散漫、顽劣的学生应当受到处罚。老师不能纵容跟不上学业的学生，要让他们感到羞耻，以留级的方式惩罚他们。统一考试要有标准的正确答案，且能够检测出学生的水平。考试也定义了公平：考试及格的人受到奖励，不自律、考不及格的人受到惩罚。

因为不道德、不守纪律的孩子可以通过引导变得道德，有纪律的孩子也可能误入歧途，所以家长们应该能够选择让孩子上什么学校。政府应当撤回对公立学校的资助，把钱以教育券的形式发给家长。这有助于富裕（更有纪律、更道德）的公民把孩子送到传授保守价值观、施加适当纪律的私立或宗教学校。贫穷（不够自律、不够道德）的公民得到的教育券不足以送孩子去较好的私立和宗教学校。这样学校才能反映出社会财富的自然分配。当然，表现出惊人自律和天赋的学生应当得到奖学金，上更好的学校。这有助于维持社会精英的天然地位。

医疗保健。照料孩子是家长的责任。如果他们办不到，那就是没有尽到自己的个人责任。没有人应当替别人履行职责。因此，孕期保健、产后保健、儿童保健、照顾老人和体弱者，都是个人的责任。纳税人没有责任照顾这些人。

堕胎。堕胎不符合严父式道德。需要堕胎的妇女有两种类型：一贯进行“不正当”性行为的未婚少女，还有想要推迟抚养孩子以追求事业的成熟妇女。这两种人都公然违背了严父式模型：怀孕少女违背了父亲的诫命；职业女性挑战了严父的权力和权威。两者都应当被惩罚养育孩子：她们不应当回避自己的行为所带来的后果，因为这违背了严父式模型下“道德依靠惩罚”的观点。由于保守派价值观一般都是严父价值观的变体，堕胎就对保守派价值观构成了威胁，触怒了那些认同自己是保守派的人。

诚如我们所见，反对妇女堕胎①的保守派一般也反对产前护理、产后护理和幼儿健康保健，而这些对孩子的生命都有重大的意义。因此，从广义上看，他们并不是真心地“支持生命”。对保守派来说，“终止妊娠”这个概念只不过是他们文化之战的部分策略，其目的是获取并维持其政治权力。

堕胎触怒了数百万保守派的严父价值观。出于这个原因，这个议题是激怒保守派的热点。

① 原文此处为“pro-life”，直译为“支持生命”，指反对堕胎，主张对胚胎或胎儿的全面法律保护，尤其反对堕胎合法化。——译者注

要理解这一点，我们切莫忽视女性在决定终止妊娠时所经历的真实的痛苦和艰难。对于那些真正关心儿童的生命和健康的人，无论出于什么原因，决定终止妊娠都是非常痛苦的，绝不轻松。保守派正是利用了这种痛苦，才把终止妊娠这个议题当成了文化内战中分化对方支持者的楔子。

也有一些人是真正“支持生命”的，他们相信，生命始于受孕，生命是终极价值观。因此，他们支持产前护理、产后护理，支持为贫困儿童提供医疗保险，支持儿童早期教育，反对死刑，反对战争等。他们还认识到，任何选择终止妊娠的妇女都是在做一个极其痛苦的决定，因此他们与这些妇女感同身受，不带负面意见地对待她们。这些人是“支持生命”的进步派人士，跟拿终止妊娠问题当政治楔子、以期获得更广泛道德和政治支持的保守派不是一回事。

自然。大自然是通往成功的资源，它的存在就是为了让人类追求利润。

企业。企业向人们提供商品和服务，让投资者和高级管理层获取最大化的利润。它们在追求利润最大化时，运作效率最高。企业赚到了利润，社会也就赚到了利润。

监管。政府监管阻挡了自由企业的道路，要尽量减少。

权利。权利必须与道德相一致，严父道德对“权利”的定义做了限制。

因此，保守派认为公民没有堕胎的权利，没有获得医疗保健或其他政府救济的权利，没有了解政府怎样决定政策的权利，没有规定最低工资的权利，等等。然而，由于枪械为主人提供了一种权威形式，持有枪械，尤其是保守派持有枪械的权利是必须有的。

民主。严父民主是一种依照严父价值观展开的制度性民主。它有选举，有三权分立的政府，有平民政府控制的军队，有自由市场，有基本的公民权利，有可以广泛接触到的媒体，因此，它确实属于民主体制。但严父价值观是这种民主的核心，它鼓励人们追求个人利益，赋予人们改变生活和社会的权利。

外交政策。保守派认为美国是世界的道德权威，它是超级大国，因为它配得上。它的价值观就是正确的价值观，由严父道德定义。如果世界存在道德秩序，美国的主权、财富、势力和霸权都必须得到维持。美国的价值观，包括保守派家庭价值观、自由市场、私有化、取消社会福利项目、人类支配自然等，都应当扩散到全世界。

文化战争。严父道德定义了良好社会的样子。保守派定义下的良好社会，受到了自由进步的观念和项目的威胁，因此，他们必须不惜一切代价与这一威胁做斗争。社会结构危在旦夕。

以上这些都是右翼想要确立的观念和价值观，相当于在美国及世界其他地区掀起一场激进的革命。保守派掀起这场激烈的文化战争并非偶然：严父道德想要获取并维持政治权力，必须营造分裂的局面。他们需要先有经济上的分裂，需要双层经济："卑劣"的穷人继续贫穷，为"有功"的富人效力。但保守派若想把持权力，又需要许多穷人的支持。也就是说，他们需要相当大比例的穷人和中产阶级投出不利于自身经济利益，但符合其个人、社会利益的选票。这意味着，保守派基于利益领域的分歧，实际上反而构成了保守主义在整体上的优势。要让保守主义上台，必须要求各个利益领域都奉行保守主义。

意识到许多工人阶级在家庭中有着严父道德，保守派想出办法实现了这一目的。保守派知识分子发现，正是这些价值观推动了政治保守主义。他们还发现，人们是根据自己的价值观和身份认同来投票的，而不是根据自己的经济利益来投票的。于是，他们通过框架和语言，把家庭上的严父道德与保守政治联系起来。这种概念上的联系，必须有着足够强烈的情感，才能压制人们追求自己的经济利益的诉求。

保守派实现这一目标的方法就是发动文化内战，让有着严父道德的美国人与有着抚养式家长道德的美国人开战。他们把后者描绘成威胁了保守派生活方式、文化、宗教，以及个人认同的恶棍。

保守派政治和精神领袖在推进这一目标时面临着挑战。他们代表的是一群经济及政治精英，却要到中下层劳动人民中去争取选票。因此，他们必须将保守派观念装扮成平民主义，把自由及进步观念装扮成精英主义——哪怕事实恰恰相反。他们面临着一个构建庞大框架的问题，一个需要改变日常语言和思维的问题。严父道德给了他们一个重要的优势：它暗示富人的财富是自己挣来的，他们是配得上这份财富的好人，而且那些在公私领域居高位者应该在社会中维持正确的道德秩序。这是一份保守派的社会契约。

靠着智囊团里的知识分子、语言学家、作家、广告机构和媒体专家的工作，在长达三四十年的时间里，保守派在思想和语言方面发起了一场革命。通过语言，他们把自由主义者（其政策更为平民）装扮成没落的精英、不爱国的败家子——坐着豪华轿车的自由主义者、喝着拿铁咖啡的自由主义者、大手大脚收税花钱的自由主义者、好莱坞的自由主义者、东海岸的自由主义者、自由主义精英、空洞乏味的自由主义者，等等。

与此同时，他们又通过语言，包括肢体语言，把保守派（其政策更有利于经济精英）装扮成平民的样子。从罗纳德·里根的家乡老伙计做派到小布什的约翰·韦恩式的“南方保守主义”，他们的语言、口音、肢体语言和叙事形式，走的都是农村平民路线。他们的电台脱口秀主持人采用的是地狱火传教士风格[①]，但立场都是一样的：讨厌的自由主义者，没落的、精英的、不爱国只败家的自由主义者，正威

① 指的是主持人威胁听众，说不信保守派那一套就活该下地狱。——译者注

胁着美国的文化和价值观，我们必须从各方面全力与之对抗。自由主义者对国家安全、道德、宗教、家庭，以及真正美国人珍视的一切都构成了威胁。他们在楔子议题，如枪械、婴儿、税收、国旗、学校祷告上的立场，暴露了他们的“背信弃义”。楔子议题本身并不重要，但它们所代表的东西极为关键：对待世界的严父态度。

没有个人、施政、商业和社会等各个利益领域中互为支持的关系，作为支配性道德体系的保守主义不可能欣欣向荣。自由派人士眼里的保守主义的分裂和不团结，有可能是一套互为支撑的强大结构，威胁着进步价值观和美国的民主。

另外，进步阵营的普遍看法是，意识形态上的分歧正在撕裂保守主义。不过，我们最好把这两种可能性都好好斟酌一番。

进步派如何建立框架

要实现进步人士的团结，我们必须要先看看他们有什么样的分歧。这里有一些不同进步人士的常见分歧点：

- **地方利益。**举例来说，你可能来自农业社区、高科技地区、一座拥有军事基地的城市，或者一个拥有大量少数种族或民族人口的地方，于是，你优先考量该地区的问题。
- **理想主义和实用主义。**作为一个实用主义者，你愿意妥协，以获得尽可能最好的交易；而作为一个理想主义者，你可能不愿意妥协。理想主义者往往指责实用主义者没有理想（实用主义者其实是有的，只是自己没有意识到）；实用主义者则常批评理想主义者，说他们“一味追求完美，是把事情做好的大敌”。

- **双重概念主义。**如果你基本上是一个进步派，但有一些保守的观念，完全的进步人士会指责你是保守主义者；双重概念论者则倾向于指责完全的进步人士太过教条主义，或太极端。
- **激进变革和适度调整。**激进分子指责渐进主义者不是真正的进步派；渐进主义者指责激进分子不切实际，不愿意积跬步以行千里，损害自己的事业。
- **激进宣传和温和宣传。**激进分子声音响亮、咄咄逼人、言辞苛刻，有时会使用严父手段来达到培养目的。他们认为温和派是懦夫，不够在乎自己的事业；温和派则认为，好战会冒犯他人，并导致人们做出不利于自己事业的行为。
- **思考过程的类型。**进步价值观有可能会因为不同的着眼点而有所偏重：社会经济、身份政治、环保主义者、公民自由主义者、精神、反威权主义。在选择追求什么目标、如何排列优先级、如何使用政治资本、从哪里去筹集资金、把钱花在什么地方、你的朋友和熟人是谁、读什么书、关注什么人等方面，不同的思考过程都会有所影响。

许多进步人士都对奥巴马有过批评。如果你列出一份批评清单，清单的明细大多是按照以下一个或者多个参数来定义的：太务实，不是真正的进步主义者，行动太慢，太胆怯、懦弱，不够激进，没有为美国的主要利益做足够的努力。

当你考虑到每个进步主义者都有着独特的参数组合，就会发现进步人士的类型数量会多到一个天文数字。幽默作家威尔·罗杰斯（Will Rogers）曾说“我不是任何有组织政党的成员，我是民主党人”，就是在表达这个意思。

因此，理解什么能团结进步人士，怎样抛开这些参数带来的分歧，公开讨论这种团结，就显得无比重要了。

社会项目是进步派团结路上的一个大问题。一旦政策变得具体起来，就必须点明差异。进步人士爱谈政策和社会项目，但大多数美国人并不想知道政策细节。他们只想知道你站在哪一方，你的价值观是否跟他们的价值观相吻合，你的原则是什么，你想要把国家带往哪个方向。在公共话语中，价值观胜过社会项目，原则胜过社会项目，政策方向胜过社会项目。我相信，只要打磨得当，价值观、原则和政策方向正是团结各方进步人士的东西。它们之所以能够让进步派团结一致，是因为它们在概念上高于进步派的分歧之处。

这里对上述观念做了概括和解释：

- 源自基本进步愿景的价值观。
- 实现进步价值观的原则。
- 与价值观和原则相吻合的政策方向。

进步派的基本愿景

进步派的基本愿景是一种社群性愿景：美国是一个大家庭，一个有爱心、负责任的大家庭。在美国，人们互相关照，凭借实力和效率，做出对自己也对同胞负责任的行为。

政府为所有人，不管是最迫切需要帮助的人，还是普通公民，抑或是大大小小的企业主，提供公共资源，实施关怀和负责任的举动。简而言之，私依赖于公。如果你依靠这些公共资源变得富裕，而你所用的资源依靠他人的税款来承担，那么出于公平考虑，你需要从财富里拿出更大的一部分来分担税款，好让其他人也能获益。

我们都在同一条船上，无论是红州还是蓝州[①]，进步派还是保守派，共和党还是民主党。要团结，就像在“9·11”事件发生之后的那个短暂瞬间，不能被一场卑鄙的文化战争分裂。

进步派价值观的逻辑

进步派的核心价值观是家庭价值观，负责任、有爱心的家庭价值观。你可以把它们总结为通过强烈的承诺和热情的努力付出关怀，承担责任。这些核心价值观蕴含在所有进步派的价值观中。下面是一些进步派价值观及其与核心价值观的逻辑联系：

① 红色代表共和党，蓝色代表民主党。——译者注

- **保护，生活的满足，公正。**你关心别人的时候，希望保护他们免受伤害，希望他们梦想成真，希望他们能够得到公正的待遇。
- **自由，机会，成功。**没有自由，就没有满足；没有机会，就没有自由；没有成功，就没有机会。
- **社区，服务，合作。**孩子是在社区里成长的。抚养孩子的责任要求你为自己的社区效力，而这则需要合作。
- **信任，诚实，开放的沟通。**没有信任，就没有合作；没有诚实，就没有信任；没有开放的沟通，就没有合作。

正如这些价值观来自关怀和责任，其他每一种进步价值观也都来自它们。平等来自公平，共情来自关怀，多元化来自共情和平等。

进步派的原则

进步人士不仅仅都具有这些价值观，还具有来自这些价值观的政治原则。

公平。这是公民和国家应当互相给予的东西。如果你努力工作，遵守游戏规则，为家庭、社区和国家效力，那么国家就应当为你提供体面的生活以及自由、安全和机会。

平等。要尽一切可能来保证政治上的平等，避免政治力量失衡。

民主。最大限度地提高公民参政，限制政治、企业和媒体力量的融合。最大限度地提高新闻标准。对公共教育进行投资。让各方利害相关者（stakeholder）控制企业，而不只是股东（stockholder）控制企业。

政府造就更美好的未来。政府要做美国未来需要、私营部门又做不了或没法做（至少是无法完全、有效地去做）的事情。政府有职责促进并提供足够的保护机制、更多的民主和自由、更好的环境和健康体系、更令人满足的生活，减少暴力，建设并维护公共基础设施。

商业道德。我们的价值观也适用于商业。根据上述价值观的定义，在提供产品和服务的过程中，企业不应当为公众利益带来负面的影响。应该拒绝实行工资奴役和公司奴役，因此，企业应该与工会合作，而不是反对工会。企业应该为做生意付出真正的成本，而不是将这些成本外部化或者转嫁给公众，比如制造污染。企业应该确保自己的产品不伤害公众，不应该仅仅把员工视为“资源”，而应该把他们视为社区成员和企业的资产。

以价值观为基础的外交政策。适用于美国国内政策的价值观，也应当尽量适用于外交政策。这里有几个将进步派国内政策转化为外交政策的例子：

- 将对国民的保护转化为用于防御和维护和平的有效军事力量。
- 将建立和维护稳固的社区转化为维护强大的联盟、开展有效的外交。
- 将关怀和责任转化为关怀世界人民，在世界健康、饥荒、贫困、生态环境、人口控制（以及人口控制的最佳方法——提高女性受教育水平）等方面采取负责任的行为。

所有这些，都是以进步派价值观为基础的外交政策的关注点。

进步派的政策方向

考虑到进步派的价值观和原则，他们可以在基本政策方向上达成一致。政策方向的层次，比具体的政策更高。尽管进步派有着一致的方向，但会因为具体的政策细节而产生分歧。下面是一些他们都能赞同的政策方向：

经济。支持以创新为中心的经济，创造数百万个高薪岗位，为每一个美国人提供公平的机会。这样的经济应该走可持续发展之路，不再加剧气候的变化和环境的恶化，等等。

安全。依靠军事实力、强大的外交联盟和明智的对内对外政策，保障每一个美国人的国内安全。通过帮助世界各地的人过上更好的生活，强化美国在世界上所扮演的角色。

健康。每一个美国人都应该享受到最先进、负担得起的卫生保健体系。

教育。创建一个充满活力、资金充裕、不断扩大的公共教育系统，以最高的标准对待每一个孩子和每一所学校。在这里，老师培养孩子们，孩子们了解国家的真实情况，包括伟大与不足。

环境。为我们自己和孩子们创造一个干净、健康、安全的环境：水可以自由地饮用，空气可以自在地呼吸，食品健康而安全。污染者要为给大家带来的损害承担责任。

自然。为了子孙后代，我们应该保护国家的自然奇观，并努力让退化之地恢复原貌。

能源。大力投资可再生能源，创造数以百万计的薪水优厚的岗位，不依赖中东的石油，改善公共健康，保护环境，阻止全球变暖。

开放。一个开放、高效、公平的政府会将真相告知美国公民，赢得每一个美国人的信任。

平等的权利。我们支持包括民族、种族、性别等各个领域的平等权利。

保护。我们支持保护消费者、工人、退休人员和投资者的合法权益，并逐渐扩大保护范围。

强大的美国不但表现在国防上，而且表现在实力的每一重维度上：经济、教育制度、医疗制度、家庭、社区、环境，等等。

普遍繁荣是市场理应带来的结果，但所有市场都是为了某人的利益而构建的，没有哪个市场是完全自由的。市场应当为了尽可能普遍的繁荣而构建，而不应该造成富人的财富加速积累，其他人的财富、自由和生活的圆满加速遭到损失。

为了自己，也为了孩子们，美国人渴望也应当得到一个更美好的未来——经济上、教育上、环境上，以及生活其他各个领域上的美好未来。主要针对超级富豪精英的减税，会让有助于创造更美好未来的社会项目资金匮乏。进步派真正的目标是要为所有美国人创造更美好的未来，这就包括控制全球变暖。

保守派大力宣传的“小政府”，按理说应该杜绝浪费，可它的真实用意是消除各种社会项目。有效的政府要帮助美国人去创造更美好的未来。

保守派的家庭价值观是严父家庭价值观：以纪律和惩罚为基础，专制，等级分明，人人为自己。进步派则是依靠家庭和社区的最佳价值观生活：共同的责任——威严、平等、双向，围绕关怀、责任（个人的和社会的）与承诺展开。

现在，关键的问题变成了：进步派人士到底在多大程度上能在这些方面达成一致呢？这些其实是选民最关心的事情：我们的价值观、原则，以及我们想要带国家前往的方向。

我相信，进步派的价值观就是传统的美国价值观，进步派的原则也是美国的根本原则，进步派的政策方向指明了大多数美国人对国家的希望。团结进步派人士的任务就是围绕最传统的价值观，让整个国家凝聚在一起。

但进步派只拥有这些基本上无意识的、没有言明的共同价值观还不够，它们必须获得公开、命名、言说、讨论、宣传，成为日常公共话语的一部分。如果这些价值观未能言明，而保守价值观主导着公共话语，那么保守派的沟通大鳄就会将进步派价值观从进步派人士的大脑中清除干净。

不要只是读完，然后点点头，而是要走出去，大声说出来，尽可能地讨论它们。去参加一些活动，然后在公共场合大声、清晰地讨论这些价值观。

05

回归具体的议题：构建进步派的框架

自由议题

民主党所犯的重大错误之一，是只关注竞选活动，不注重持之以恒地为公共话语建立框架。所有的政治都事关道德。选民们会根据自己相信的事情来投票，而这种信念是隐含的、自动的、无意识的。简而言之，双重概念论者采用哪一方的道德愿景，就是选举的关键所在。选举取决于选民每一天（绝不仅仅是竞选期间）所听到的语言和所看到的图像。

民主党喜欢点明利益，也就是餐桌经济学，还有影响中产阶级及贫困选民利益的种种客观事实。然而，贫穷的保守派和双重概念论者常常罔顾自身的利益投票。许多茶党选民要么很穷苦，要么就是会因为保守的政策而变得更穷苦。但保守派的信息机器无休无止，几乎无处不在，他们的信息主导着日常的公共话语。而在日常公共话语中占据主导地位跟在选举对话中占据主导地位同等重要，决定了美国的政治现实。

保守派逐渐把持了两个代表自由的词语：freedom 和 liberty。这两个词语在他们的词汇库里的权重很大。由于自由概念在民主政治中占据核心地位，因此这两个词在美国的政治中的力量最为强大。保守派无权占有它们。

词语的意义有可争辩的空间，freedom 这个词对进步人士来说，有着跟对保守派截然不同的意义。我在《谁的自由》一书中曾指出，自由是一个具有争议性的概念。保守人士和进步人士会使用这个词语来达成相反的目标。

仔细阅读《独立宣言》的原始底稿，我们看到，进步的含义是美国民主的核心，现在是时候让它回归原貌了。公共话语中的大多数议题，无论事关选举还是日常决策，都可归结为自由问题。

医疗保健

喜剧演员吉米·基梅尔（Jimmy Kimmel）派一名助手走上洛杉矶街头，拿着麦克风询问路人一个简单的问题："奥巴马医改"（Obamacare）和"平价医疗法案"（Affordable Care Act），你更喜欢哪一个？绝大多数人表示自己不喜欢"奥巴马医改"，但认为"平价医疗法案"很不错。大多数人都不知道其实两者是一回事。毕竟，不同的名称通常指的是不同的东西。

公众是怎么对"奥巴马医改"产生负面印象的呢？

2008年，奥巴马当选美国总统后，让民意测验专家做了一项调查，以了解医疗保健法案里哪些规定最受欢迎。其中有一些规定的受欢迎程度在60%到80%之间。这些条款大家都很熟悉了：享受医疗保险没有先决条件、额度不设上限、孩子到了上大学的年龄仍可加入家长的医疗保险计划，等等。于是，这些就成为医疗改革计划的主要条款。奥巴马以为，如果所有的主要条款都受欢迎，这个计划也就会受欢迎。换句话说，计划受欢迎的程度应该取决于计划条款的受欢迎程度。

保守派并未攻击这些受欢迎的条款。他们没有发起运动支持享受医疗保险的先决条件或额度上限，也没有反对让你上大学的孩子享受你的医疗保险计划。保守派反其道而行之，他们懂得，政治是一个道德问题，于是决定从道德下手攻击医疗改革。他们选择了两个道德领域：自由和生命。从自由的角度，他们攻击医疗改革方案是“政府接管”；从生命的角度，他们说医疗改革方案包含了“死亡委员会”。保守派一次又一次地不停重复“政府接管”和“死亡委员会”。每当奥巴马说“这不是政府接管”时，他都使用了“政府接管”这个说法，并因此在听众的大脑里激活了“政府接管”的概念，从而强化了保守派的攻击。

而且，保守派从不使用“平价医疗法案”这一名称，而是另辟蹊径地发明了“奥巴马医改”这个说法，抹杀了医疗改革的“平价”特点，并把“奥巴马医改”跟“政府接管”“死亡委员会”挂上了钩。媒体引用保守派的攻击，使用“奥巴马医改”这个说法，而不是“平价医疗法案”这一笨拙的名字。到最后，奥巴马干脆把这个说法夺过来为己所用，说“Obamacare”（奥巴马医改）的意思是“Obama Cares”（奥巴马关怀），只可惜这时候已经来不及了。保守派通过频繁的重复，把这个名字赋予了他们想要的意思。

奥巴马和政府成员列举事实，即医疗改革的条款，来反驳批评，没用；总统拿着长长的条款清单上了电视，也没用。总统的顾问戴维·阿克塞尔罗德（David Axelrod）以电子邮件的形式向非政府组织“组织美国”（Organizing for America，该组织当时约有 1 300 万强烈支持者）发送了备忘录，请他们告诉自己的朋友和邻居，支持总统的医疗改革计划。阿克塞尔罗德说，有 24 件事需要记住，但为了让它们“更容易”被记住，他把这 24 件事分为了 3 组，每组 8 件！随便哪一个认知科学家都可以告诉阿克塞尔罗德，没人能记住每组各 8 件事的 3 组清单。反正我没见过有人做得到。

保守派打赢了 2009 年的框架之战，而它则帮忙加强了新生的茶党运动。那年夏天，茶党人士受命参加美国各地的市镇会议，大肆抨击“政府接管”“死亡委员会”和“奥巴马医改”。

如果奥巴马当时就理解了保守派的框架策略，就可以使用简单的办法抄它的底。他可以从进步的角度应对同样的两个道德议题：自由和生命。

如果你患上了癌症却没有医疗保险，你就没有自由——你可能会受苦死去（生命问题）；如果你出了车祸，受了多重伤害，没有医疗保险的话，你也没有自由——你可能会终身残疾，甚至死去；就算你只是摔断了腿，但只要你无法让医疗保险为你兜底，你仍然没有自由——你也许再也无法自由自在地奔跑或行走了。糟糕的健康会奴役你，疾病会奴役你。没有医疗保险，哪怕是能靠现代医学轻松治疗的白内障也能奴役你，让你陷入黑暗中。

食品健康也是一个自由问题。大规模的农业企业有可能会生产不健康的食物，尤其是加工食品、含糖食品、含有不健康添加剂的食品、含有激素和抗生素的肉类等。获取健康食品是一个自由问题。

保守派当权的州拒绝为医疗补助计划拨款，这同样是一个自由问题，它否决了无法享受医疗保险的人的自由。而倘若数量可观的人无法享受医疗保险，原本可以治疗的疾病就会通过这些患者的日常接触扩散开来，进而妨碍了其他所有可能染病的人的自由。

自由议题，是一个强有力的问题。

教育

保守派想以道德问题来消除公共资源。在他们看来，公共资源免费地分发出去，剥夺了个人责任和工作动力。教育就是一个主要的例子。在保守派执政的州，如威斯康星州，公共教育的资金遭到了严重削减。

保守派发起的反对公立学校教育运动，提出了特许学校、宗教学校和私立学校的替代方案。特许学校是由公众付费但由私人运营（大多由以盈利为目的的公司来运营）的学校。

2013年，斯坦福大学的教育成果研究中心（Center for Research on Education Outcomes，CREDO）研究发现，大约75%的特许学校的成绩比传统公立学校的差，或者至少毫无区别。一小部分特许学校的确获得了更好的成绩。但由于特许学校的资金来自公立学校的预算，因此它们往往会使公立学校的资金流失，从而恶化整个公共教育系统，即便最好的公立学校也无法幸免。

此外，特许学校不向当地学区或公众采用问责制。例如，在得克萨斯州，特许学校带来的一个后果是：它们决定打压进化论和科学，教授创造论。在密歇根州，80%的学校现在是特许学校，它们在教育贫困儿童方面没有比公立学校表现得更好。

保守派的框架是公立学校很“失败”，针对宗教或私立学校的教育代用券可以给家长“选择权”。这类教育代用券大多不够支付高质量学校的费用，获得代用券的贫困家庭很难为孩子换得高质量教育。但对富裕家长来说，教育代用券代表了公共资源对富人的支持。

在高等教育领域，人们更能感觉到保守派对公共教育的猛烈攻击。美国各州立法机构的保守派正在削减高等教育的资金，由此带来两个可怕的问题。州立大学和学院曾经是贫困和中下阶层学生获得教育的通道。由于保守派削减了州立大学的预算，学校为了维持运转，不得不提高学费，从而使得大量贫困学生无力负担高等教育的费用。这是第一个问题。接着，学生唯一的选择是借钱，这就引发了第二个问题：学生债务问题。银行借款的利息是 1%，学生却必须为学业贷款支付 8% 的利息。毕业之后，他们背上了多年的还款重担。这使他们更难以获得研究生及更高等的教育，或组建家庭。按目前的情况计算，政府如果免除所有的学生贷款，将大大推动美国的经济，所得益处远远超过贷款的成本。尽管如此，保守派仍然反对免除贷款，反对把学生贷款的利息降到跟银行贷款同等的水平。

无论是在学前阶段、义务教育阶段，还是在高等教育阶段，保守派的举措都是在减少或终止公共教育，这是他们试图终止所有公共资源的举措的一部分。

教育是一个自由问题，但此刻的公共话语里并没有这样说。如果没有教育，从很多方面来看，你都无法实现自由。教育向你讲述世界，告诉你人生的多种可能性。如果你不知道有什么样的可能性，说不定连目标都无法设定。教育不仅往你的头脑里注入各种事实，而且教你思考、关注、批判、理性行事、务实，并独立去获取事实。教育为你提供技能，让你获得能力，完成自己原本做不到的事情。受过良好教育的人有更大的经济潜力，但教育自由所带给你的远远不止金钱。它让你与自然世界、美学生活、创意生活建立联系，理解周围发生的事情，也理解自己的可能性。它为你提供了知识和机会，让你成为一个富有成效的公民，通过政治和社会参与，为自己和他人的自由做出贡献。

如果教育总体上是一个自由问题，那么公共教育就是一个更为强烈的自由问题。它有两个重要组成部分：

- **公共教育是公众可以获取的。**它为更多人提供了教育机会，增加了他们的自由。它还使个人能够理解最大范围的人，从而开辟更广阔的建立人际关系、理解更多的人，并与之共情的空间。
- **公共教育是要对公众承担责任的教育。**它避免了由私人利益决定的缩窄教学内容的问题。

此外，系统性因果关系使得教育进一步成为一个自由问题，因为许多重大教育议题都是由贫困导致的。

贫困常常意味着不得不同时应付多份工作的家长，可能无法恰当地抚养孩子——没有时间为孩子们读书，无法教孩子们敬畏教育，不能让孩子们摆脱不健康的环境。贫困还意味着孩子们早晨去上学时可能会饿着肚子，无法集中精力上课。贫困和缺少教育会自我繁衍。在很多案例中，学生学业失败，主要与国家经济失败相关，与教师或学校不足关系不大。

贫困

贫困是一个自由问题，这显而易见。在美国，贫困人口的自由远远少于富人。

正如我们所见，美国贫困人口获得医疗保健和教育的机会少于富人。还有更多的自由，因为贫困而遭到侵蚀，或者完全丧失。富人的住房比穷人好；富人里没有无家可归的流浪汉；富人的街区比穷人好；富人搬迁或出行的能力远比穷人要轻松；富人吃得比穷人好；富人的社会关系比穷人更好；富人可以获得比穷人更好的工作。

所有这些都是自由问题：如果你无家可归，不能为自己和家人找到体面的住所，你就会受到压迫和限制，你没有自由；如果你在需要的时候不能出行、不能搬迁，你的自由就受到了限制；如果你吃得不好，你没有自由；如果你无法跟人建立联系，你没有自由；如果你不能自由地找到工作去上班，你也没有自由。

几乎在生活的所有方面，处于贫困状态而又无法摆脱的情况，都是自由问题。

然而，不少处于贫困中的人却常常投票支持那些让自己生活变得更糟糕的举措。这是因为保守派持之以恒地建立框架，连那些生活有可能遭到保守世界观破坏的人，也被激活了此种世界观。

保守派认为，身陷贫困是个人的失败，是个人责任的失败。但现实是，贫困限制了自由。人们爱说“陷于贫困”，这是有原因的——贫困的的确确是“陷阱”。

种族歧视和性别歧视

到目前为止，美国的历史已经明确表明，种族主义是一个自由问题。它可能导致人们贫困、缺乏教育、健康状况不佳，甚至更糟糕的情况。正如我们在特雷文·马丁（Trayvon Martln）案[①]中所看到的，在美国的某些州，种族歧视甚至会叫人枉送性命。

所谓的“女性问题”也是自由问题，而且它们尚未建立起恰如其分的框架。一般来说，这个问题可以从两个方面来阐述：

- **身体控制**。人类控制自己身体的权利是一个自由问题。
- **尊重**。人在制度上获得人应有的被尊重的权利，是一个自由问题。

女性是人，有权控制自己的身体。如果这种权利遭到否定，她们就没有自由。对女性身体的控制，引发了各种各样的情况：

- **性教育**。性教育是女性控制自己的身体时所必需的。女性需要接受有关月经、性传染疾病（有可能影响到将来的分娩）、性行为怎样导致怀孕、怎样控制生育等教育。
- **生育控制**。生育要借助女性的身体来实现，而且对女性的身体有着多方面的重大影响。是否生育、什么时候生育，女性必须有控制权。因

① 2012 年 2 月 26 日，美国佛罗里达州的桑福德郡，17 岁的黑人高中生特雷文·马丁因在某社区游荡，被在此义务巡逻的社区警卫击毙，后开枪者无罪释放。此案在美国引发了极大的社会反响。——译者注

此，接受有关计划生育的咨询、获得节育方法和堕胎，是关系到女性对身体控制权的问题。

- **强迫女性接受超声波扫描和对计划生育进行攻击。**强迫女性承受羞辱，以对其身体施加控制权，是一个自由问题。举个例子，得克萨斯州强迫妇女在堕胎前的 24 小时里接受超声波扫描（让女性看到胎儿的样子，这种医学处置一般由男医生执行），或者允许反堕胎的宣传员在女性前往诊所的路上围堵她，这是一个事关女性自由的问题。通过法律让计划生育诊所无法开办，同样侵犯了女性的自由。
- **羞辱性犯罪的受害者。**自由的女性掌握着对自己身体的控制权。违背这种控制的性行为包括强奸、使用药物迷奸、施展身体或心理上的力量来发生性行为，等等。羞辱被强奸女性的警察和法院，也是在侵犯女性的自由。

这些都是自由问题，它们扎根在与女性息息相关的环境里。但从所有人都享有的控制自己身体的权利着眼，它们也是这种权利的特例表现。

在某些环境里，女性在制度层面上未能跟其他人享有平等的权利：

- **同工同酬。**这不仅仅是平等的问题，更是女性能不能、该不该跟其他所有人一样获得同等对待的问题。
- **在机构中职位能力评判的平等。**在自由社会中，一个人能否获得工作、晋升、学业项目的就读、政治职位的提名等，应该跟性别没有关系。

这些，同样是自由问题。在一家机构里，就怎样发挥职能方面，如果你不能获得与其他人同等的待遇，你就没有自由。

平等和自由并非不相干的问题。自由涉及的范围很广泛，它必然跟清晰的道路（没人挡你的路，没人在你的路上设置障碍）、有权拥有的财产相关。自由事关每一个人的梦想和目标。

民主党建立的框架是“女性面对的战争”，我不清楚这算不算一种良好的筹款策略。但除了强势的女性主义进步人士，它对其他女性而言，并不是一套有效的框架。严父道德观声称要保护和支持女性，进而部分地保留男性对女性的权威——它什么都说，但不会说是一场女性面对的战争。保守的女性同样倾向于将男性权威视为保护，或者对母性（这是女性的一项基本机能）的支持。

“女性面对的战争”适合秉持女性主义的进步女性，她们看到了自己的价值观正承受着攻击。但对于保守或持双重概念的女性来说，它的效果不怎么好。反过来说，自由使得女性可以自己做决定，不管她们在堕胎、避孕和性教育上持怎样的看法。

工会和养老金

保守派喜欢说富裕的企业主和投资人是“创造岗位的人”，他们“给”了人们工作，就好像他们创造的工作是送给失业者的礼物一样。这简直是一派胡言。事实上，工人才是利润的创造者。工人为企业主和投资人的利润做出了贡献，否则不会被雇用。

工人是利润的创造者，这是一个基本的事实。但谁在这么说呢？你听过这种说法多少次，还是一次都没听人说过？这是一项重要的事实，它从工人所做贡献的角度重新定义了工作问题。

我们之前讨论过，养老金是对已完成工作的延期报酬。这是有关养老金最基本的事实，却几乎从来没人说过。这一事实尚未建立框架。

当你接受一份工作以及伴随着这份工作的养老金时，这笔养老金就是你薪酬的一部分，也是你就职条件的一部分。工人为可观的养老金放弃当前更高的工资，这种做法很常见。因为在你无法工作的时候，养老金是你的活命钱。这是雇佣合同的一部分。

养老金背后的理念是，公司可以支付较低的工资，拿走剩余的资金并进行投资（假设它比工人自行投资能获得更高的回报），然后在稍后支付养老金时靠着投资的回报赚取利润。养老金背后的另一个理念是，它能让员工忠于雇主，雇主可以节省训练新员工的费用。此外，它还可以挽留了解业务、比新员工更有效率的员工。

简而言之，养老金绝不是赠送给员工的礼物，它是员工应得的。养老金的设立，是为了让员工和雇主都获利。

遗憾的是，养老金经常遭到机构的挪用或错误处置。它可能投资失误，也可能被用于其他目的，比如向股东支付股息或向管理层支付薪酬。因此，如果一家公司、城市或州政府告知员工，它无力“负担”养老金了，那么这些机构就是在盗窃，应该被起诉。

员工已经付出了劳动赚取了这笔钱，如果它被用于其他目的，就属于被盗。如果投资失误，那么投资损失在于公司，领取养老金的员工应该要求用公司资产给予赔偿。

不幸的是，在这一环中，框架进来了，养老金和医疗保险被称为“福利”，好像它们是赠给员工的慷慨礼物。它们不是礼物，而是已完成工作的延迟薪酬，员工已经为之付出了劳力。如果公司告诉员工自己不再承担这种“慷慨的福利”，不得不对其加以削减，这就是框架下的谎言。

养老金和福利是自由问题。自由社会有司法系统来惩罚盗窃、裁定合同。如果是企业挪用资金，则应允许员工提起诉讼，对资产提出索赔，以弥补损失和诉讼成本，包括情感和金钱上的成本。如果这种司法系统缺席，那么拥有养老金和福利却又遭到剥夺的人，就没有自由了。

大公司，还有一些小公司，拥有两种员工：资产型员工和资源型员工。资产型员工包括主要管理层以及特别有创意或技术的高手。他们的特殊创意和技能为公司成功所必需，他们是公司股价的一部分。

他们通常由“猎头”招聘而来，享受高薪和“黄金降落伞”待遇，即高额养老金和薪酬待遇。

资源型员工指的是可替换的工人，随时可以从就业库里招聘。他们由人力资源部门雇用和管理。正如天然气、石油或钢铁这样的资源要买得尽量便宜一样，人力资源同样也要尽量“买得便宜”。由于薪酬等级通常与技能水平相匹配，因此，企业往往会以最低的成本聘用他们。如果失业率很高，就业库存又很多，那么企业就会提供较少的薪资和福利，但仍然能获得适当的人力资源，同时使利润最大化，最大限度地付钱给资产型员工。

组建工会也是一个自由问题。

一般而言，雇用人力资源的公司，手里掌握的权力远远大于寻求此类岗位的个人。如果公司规模庞大且人力资源庞大，寻找岗位的工人就不得不接受公司给出的条件，否则岗位就会落到就业库里的另一个人手里。这些条件不仅包括工资和福利，还包括工作条件，如工作的安全保障、工作时间、加班制度等。员工则不得不根据公司给出的条件提供服务，而这些条件基本上是公司随心所欲地给出的。

按照资本主义经济理论，就业是雇主购买雇员的劳动力，而雇员将其劳动力出售给雇主的一笔交易，因此才有了“劳动力市场”这个说法。按照假设，经济交易的双方都会寻求最佳交易，而工会的目的就是为资源型员工创造最佳交易。

工会的作用是制衡公司对员工的权力。不采用外包制度的话，公司无法在一个资源型员工都没有的条件下运转。如果公司里组建了工会，所有的工人就结为了群体，获得了单个工人所没有的议价权。

公司给什么样的条件，你就接受什么样的条件，这叫作“公司奴役”或者“工资奴役”。随着工会权力的下降，美国的资源型员工的薪酬在30年里都没有上涨。与此同时，富裕的投资人和企业财富冲上云霄，而且生产的产品并未增多。工会的衰落意味着，大多数美国公民在国家财富中所占的份额下降了，与此同时，财富所带来的各种自由也在下降。

建立工会是一个自由问题，而且需要从这个角度加以理解。但由于人们未能大声地把它说出来，未能尽量多地重复它，保守派就组建了类似于工人自由中心这样的组织，仿佛工会剥夺了自由。保守派提起的“工作权利法”，就像是工会剥夺了权利，而不是从公司奴役和工资奴役下赋予你自由。

移民

美国是一个移民国家。其中不少移民是难民，从残酷的战争或贫困中逃离出来。他们为了更好的生活来到美国。

我自己的祖父母就是这样的难民。抵达美国后，我的祖父母成了最好意义上的美国人：努力工作，抚养家人，恪守道德，热爱和理解这个国家。

移民问题是关于新一代的此类难民的。在 2012 年 6 月 22 日于佛罗里达州举行的美国拉丁裔选举和任命官员会议上，奥巴马总统发表了演讲，清晰而优美地表达了他对这一问题的道德认识。他的话表明，当前的难民（指“无身份移民”）在很多方面其实已经成为美国公民了，他们的辛勤工作为美国社会和经济做出了巨大贡献，他们热爱自己所居住的国家，是爱国者，每天跟其他美国人分享自己的生活，承担个人和社会责任。总统不仅仅许诺以自由，更表示了赞赏。这些新移民不仅赢得了美国人的认可，而且通过辛勤工作（多为低薪）所做的贡献获得了美国人的感激。

这些新移民已经是优秀的美国人了，已经获得了其他美国人一出生下来就获得的身份。这是一个讲述了真相、包含道德的故事，但很少有人讲述它。

如今市面上流传的两种隐喻，一种来自自由派，一种来自保守派，都不曾还难民以正义。自由派将难民目前的身份隐喻为“通往公民之路”，把这种身份视为一条应当结束的漫长而辛苦的旅程，一路上少有权利，还长年处在不定的状态中。只有那些表现得像是理想公民的人（要么上大学，要么在军队服役），才可以获得合法居留。允许难民跻身“美国梦”的“梦想法案”（The Dream Act）[①] 没有起对名字。它使这些事实上的公民成了只能做梦的人，就好像他们每天的所

① “梦想法案”是一项美国立法提案，旨在为美国的外籍未成年人提供合格的多阶段程序，该程序将首先授予有条件的居住权，并在满足其他资格后将该权利转为永久居留。但是，该法案始终未获通过。——译者注

作所为不是公民的行为，但实际上，他们是美国“最优秀”的公民。至少，他们辛辛苦苦赚取最低的收入，他们理应享有医疗保险、体面的住房、体面的工作条件、生活工资，以及为自己和子女提供教育的机会，还有获得驾驶执照的权利。他们不仅应该获得自由，还应该得到美国人的感激。

保守派的隐喻则全无感激之意，反而将这些难民比喻为罪犯。他们逃往美国，很多时候还冒着生命危险；他们没有身份证件，因此不属于合法公民。于是，保守派将他们称为“罪犯”“非法移民”，就好像他们每天都在犯罪似的。但实际上，这些移民利用一切比美国人更具优势的技能，修剪草坪，清理房屋，照顾孩子，采摘蔬菜和水果，烹饪食物，在建筑工地上干活。

因为这些难民大多是棕色皮肤、贫穷、说西班牙语，所以他们受到了歧视。他们在保守派的道德等级制度上处于低位，从而被认为不够道德。因此，保守派想要把他们关进监狱、驱逐出境。他们因为肤色和语言受到歧视，又因为贫困而受到指责。

对美国人来说，这是一个共情问题：对这些发挥着同胞作用的公民，我们是否在乎他们，还是说，我们把他们视为劣等人类，认为他们配不上通过日复一日的劳动换取的自由？对那些为了逃离战争和贫困的人来说，这是个自由问题。

对于成千上万个越过边境的儿童来说，这是一个尤其严重的自由问题。他们由家长送来，或是自己从伤害或绑架儿童的人贩子或非法武装手下逃出来。根据小布什在离任前签署的行政命令，这些孩子必须获得美国政府的合理照料和安排，出席法庭听证会，之后要么被送去与在美国的家人团聚，要么被驱逐回自己的国家。

美国民众从来不曾预料到国内竟然有这么多的“非法移民”儿童。保守派把这种局面归咎于奥巴马，说他没有立刻驱逐他们。奥巴马如果真这么做了，不仅不合法，而且不人道。如果不是着眼于孩子们是否得到了人道对待、是否合乎法律，进步派本可以把问题推给保守派，这些孩子应该被叫成“小布什的难民孩子”。

与此同时，生活在美国南部边境附近的保守派，正在发起反抗，不仅要驱逐难民，还反对人道地对待这些难民。保守派组织了大规模的抗议活动。人们走上街头，挥舞着美国国旗，高声叫嚷着种族主义口号。接受媒体采访的人说，要把这些难民送回去，因为他们很脏，他们携带疾病，他们是罪犯。为什么奥巴马要花纳税人的钱，给他们干净的房间住，干净的食物吃，为他们提供医疗保险？他们的父母到哪儿去啦？他们的父母怎么会这么不负责任地把孩子孤零零地送到这里？他们不爱自己的孩子吗？

这是一个重大的人道主义问题，需要共情。爱孩子的父母不希望看到自己的孩子遭到残害，或被人贩子拐走。这些孩子里有许多人都很英勇，设法完成了艰难的长途旅程，抵达了安全之地。

贫富差距议题

系统性因果关系不仅适用于全球变暖，还适用于经济，并且对其有着剧烈而关键的影响。如今，在超级富豪和其他人之间出现了“加速差距”，也就是说，这一差距不仅在拉大，还在加速。为什么呢？系统性原因和系统性后果是什么？随着时间的推移，有些人变得富有并且越来越富有，这有什么不对吗？

这些问题的答案，随着 2014 年经济学家托马斯·皮凯蒂（Thomas Piketty）及其同事提出的一个洞见而变得尖锐起来。这一洞见尚未在公共话语中建立框架。

皮凯蒂的洞见向人们指出，美国社会当前的“富有”概念不足以理解贫富差距现象，人们还需要理解财富和财富比例的概念。财富与某些形式的自由相关，如获取商品的自由、出行的自由、参与某些文化活动的自由，等等。财富也与某些形式的权力有关，如花钱请人做事是一种权力形式，对选举活动的大手笔捐赠也可以是一种权力形式。

工人是利润的创造者，也就是说，工人为他人创造财富。工人或许可以通过工作获得财富，但他们对雇主的价值一般来自为雇主创造的这些财富。这自然而然地带来了一个问题：在生产性工作所创造的财富里，那些只工作的人分到了多少，其他人又分到了多少？财富是通过什么方式分配的？导致财富分配和分配变化方式的系统结构是什么？

皮凯蒂的学术著作《21世纪资本论》(*Capital in the Twenty-first Century*)不但改变（或应该改变）了美国民众对经济的理解，还改变了人们对许多事情的理解。

以下是皮凯蒂的基本见解。他不仅研究了收入的历史，还研究了财富的历史。他观察到社会中存在两种根本不同的财富：

- **生产性财富**。这指的是劳动、生产和销售物品或服务所产生的财富，也就是亚当·斯密所谈的那种财富。用个体户举个粗浅的例子，比如面包师和家具制造商，他们都要制造和销售东西，也都需要购买对方所销售的东西。面包师的收入支付给家具制造商，家具制造商的收入支付给面包师。他们各自为自己工作，生产东西，从中获得报酬。在市场里（虽然这是一个过度简化过的市场），他们各自为自己也为他人生产财富。这是以国内生产总值（GDP）所衡量的财富，即生产性财富，皮凯蒂称之为“G”。
- **再投资财富**。这指的是通过投资获得投资回报，接着把回报反复再投资所产生的财富。这种财富就像复利一样成倍增长。你拥有得越多，投资得就越多，而投资得越多，你拥有得就越多。皮凯蒂将这种财富称为“R”。

接下来是比例的概念。皮凯蒂着眼于各种财富的比例，即R和G在人口中的比例。随后，他开始研究这一比例的变化规律及其原因。

皮凯蒂研究了多个国家上溯至18世纪的税务记录。他发现，直到1913年，大部分财富都是再投资财富。就算是在工业革命时期（通常人们都会联想到生产性财富），R也远远大于G。换句话说，人们的传统认识是错误的。在资本主义国家，按道理讲个人自由和市场会支持通过工作获得生产性财富，但事实证明，再投资财富也是占支配地位的。例如，在1910年的法国，70%的财富是由极少数富人把持的再投资财富，而不是在人口大多数中分配的生产性财富。

从1913年开始，这种情况出现了重大转变。由于第一次世界大战、大萧条和第二次世界大战，再投资财富的很大一部分遭到摧毁。生产性财富变得更多，也就是G比R更多了。1913年至1980年间，大多数的现代经济理论发展起来了。不管是自由主义，还是保守主义，这些理论都主要以生产性财富、国内生产总值为基础。

接下来，在1980年，即美国的里根执政期间，事情再次发生了变化。里根极大地削减了对富人的税收，发起了对工会的猛烈攻击，削减了对企业的监管。英国的撒切尔夫人也采取了类似的执政理念。与之相关的经济思想传播开来。1980年前后，历史性的转变出现了，R又一次变得比G大了。再投资财富呈指数级增长，握住了现代经济的缰绳。

在美国，1976年，前1%的人拥有19.9%的财富；2010年，前1%的人拥有35.4%的财富。还是在2010年，前5%的人拥有63%的财富；前20%的人拥有88.9%的财富。这意味着底部80%的人仅拥有 11.1%的财富。

这就是再投资财富的指数级增长所导致的结果。人在财富阶梯上所处的地位越低，情况就越糟糕。因此，沃尔顿家族的 6 名成员所拥有的净资产，比美国 41% 的家庭加起来还要多（这里算入了有着负资产净值的家庭）。

随着富人所占有的国家财富份额上涨，其他所有人所占的份额就下跌了。还有什么在下跌呢？财富可购买到的自由，财富可购买到的生活质量，财富可购买到的权力，以及财富可购买到的选举影响力。从技术上讲，美国人或许拥有一人一票的投票权。但是，一个人对选举的影响，会随着财富的下降一路走低。

这种趋势是可逆的吗？皮凯蒂说是可逆的，但它需要政治上的变化。

贫富差剧对政治产生的系统性后果

面对 R 高于 G 的事实，皮凯蒂本人并不悲观。他指出，政治上的改变能够控制住失控的财富积累，方法是征收财富税。他还认为，传统的自由主义措施，如提高中低阶层工资、降低企业管理层工资、缩小税收漏洞、增加受教育机会等，也有助于实现这种逆转。

但有一些系统性后果，对政治解决方法发挥着不利的作用。在美国社会，更多的财富带来了许多东西，包括：

- **更大的政治影响力。**富人和有钱的企业对公职人员有着极大的游说力量，而且越变越强。
- **对公共话语更强的控制力。**富人和有钱的企业可以通过多种方式控制公共话语，如持有媒体、赞助节目、投放大量广告等。这种控制通过大脑发挥作用，能激活保守框架的语言和图像，也将激活保守道德观。随着保守道德观越来越强，进步道德观在公众的大脑中就越来越弱。这可能会让人们有意无意地相信一些东西，进而也就影响了人们的投票方式。
- **对他人的权利有着更强的控制力。**通过州对立法机构的控制，富人可以控制较贫困人口的投票权，控制各州比控制国家所花费的金钱更少。

这就需要政府负担选举费用，严格监管对媒体的政治控制。但鉴于当前财富的分配、严父道德观在美国人口中所占的比例，必要的政治改变似乎难以实施。除非进步人士带来其他重要的变化，愿意为系统性问题构建基础框架，通过公共话语锐利而强势地不断聚焦于这些问题。

贫富差剧对生产性工作的影响

再投资财富增加导致的重大系统性后果之一，涉及生产性工作本身的性质。它在许多方面变得不够让人满意了。最明显的一点就是，生产性经济体系所产生的财富减少了，也就是它无法给予足够的回报，让我们的公民过上满意的生活。它所提供的就业岗位也减少了，还不怎么令人满意。

令人满意的工作与薪酬和劳动条件有关，但也与工作的性质有关：它必须是技能型工作，对他人有用，让劳动者对自己所做的事情感觉自豪。这类工作不需要薪酬优厚或光彩照人，只需要令人满意即可。我认识一些人从事的职业可以带来令人满意的工作生活：木匠、园丁、理发师、奶酪销售员、面包师、机械师、办公室经理、裁缝、油漆工、厨师、茶室服务员、教师、房屋清洁工，等等。他们不是律师、医生、计算机科学家、化学家、生物学家或金融专业人士，也不是音乐家、电影演员或职业运动员，他们就是普通老百姓。他们可能是受过良好教育的、能发挥作用的公民，优秀的家长。然而，随着工作条件越发恶劣，能拥有这种令人满意的工作生活的人越来越少了，能获得真正的教育、以社区成员和家长身份妥善发挥职能的人也越来越少了。

这种局面的产生，有着结构性的原因。之前我们讲过，公司大多拥有两种员工——资产型员工和资源型员工。资产型员工是高级经理和必不可少的创造性人才。资源型员工是可以替换的工人，他们被按尽量低的技能水平招聘而来，拿最低的薪酬，享受最低的福利，被迫接受最低限度的工作条件。这带来了“效率”问题，按照定义，“效率”就是利润的最大化。资源型员工可能会遭到裁员，并以合同工的身份被回购。如果公司采用外包制度，就更有利可图了，连岗位都会被裁掉。反对建立工会的企业运动，不仅使得这种局面出现，还加速了它们的出现。

电脑化和机械化让越来越多的工作变成低技能的工作。同时，这也导致企业管理层和投资者获得更多的财富，因为他们可以解雇工人，或者降低工人的技能要求和工资标准，再或者外包给价格更廉价的劳动力。

投资人对更大再投资回报的需求，管理者通过增加个人财富成为再投资阶层一部分的渴望，竞相推动着这一趋势。由于企业管理者管理着企业财富，因此他们可以获得更大份额的财富。在企业里，控制企业资金流向的人，能够为自己聚集越来越多的企业财富，同时压缩创造财富的工人的所得份额。

传统自由经济的解决方案够不够用

自由主义者经常建议采用古典自由经济理论中的措施：提高最低工资，实施大规模重建基础设施的计划，提供更好的安全网、幼儿教育和大众教育、医疗保健，等等。这些举措有助于减缓老百姓身上的痛苦，这也是很重要的待做事项。但是，只靠自由经济举措，能否克服富人财富累积的加速和老百姓财富损失的加速吗？

就算要施行这些缓解痛苦的举措，也必须先彻底改变政治气候。一如我们所见，只把皮凯蒂讲述的经济事实告诉人们没有用，因为没有激烈的框架改变，皮凯蒂的事实无法产生真正的影响。

财富积累的失控有什么问题

迄今为止，在美国政治领域尚未建立框架的最重大后果，是财富份额失控的指数级增长往往会扼杀那些造就满意而健康私人生活的公共资源。例如，财富失控带来的政治后果是对富人减税，并从源头上取消了促成人们实现富裕的公共资源。

以大学教育为例。顶尖的研究型大学的数量是有限的，其中很多都是公立大学。政府削减了对这些公立大学的资助，这些公共资源就必须提高学费和其他成本，从而从公立转变为私立。其余各级教育机构也是如此。

与此同时，在美国，真正的教育丧失了。经典自由教育有着多方面的意义：培养人们的思想，造就普遍而言的批判性教师群体，让他们传道授业，打开人生中多重的可能性，提供必要的学习技能，培养能为民主社会做贡献的公民。由于令人满意的工作加速流失，教育发生了根本性的变化，越来越多的学生认为教育是通往财富或令人满意的工作生活的直接途径。因此，接受“教育”是为了今天的饭碗，而学生们则未能获得自由教育中无形但至关重要的个人丰富度。这是教育掠夺，因为自由教育为人的整个一生开辟了可能性，而今天的以饭碗为导向的教育却做不到这一点。尤其是，今天的饭碗到了未来，说不定根本就不存在了。

宝贵体验的加速丧失

如果海滩成为富豪们的私人领地，那就意味着其他所有人都被剥夺了对海滩的体验。大多数人无法接触到海滩，这种损失就是体验的丧失。不只海滩是这样，其他许多超级富豪能够体验、中产阶级和穷人无法体验的事情也都是这样，比如优秀的学校、宜人的环境、昂贵的艺术或音乐活动、漂亮的衣服、美味健康的食物、一流的医疗服务、世界文化、大城市，等等。金钱能够买到有着个人价值的体验，而这些体验则意味着生活的丰富多彩。一个富豪能体验到的东西是有限的。富人财富的加速积累，其他人财富的加速丧失，意味着大多数人的宝贵人生体验正在加速丧失，这也是有意义的生活的丧失。

全球变暖

财富加速积累的同时，全球变暖的加剧也制造出一场完美的风暴。这些概念需要在政治话语里联系起来。

富有的企业和个人不断进行再投资，变得更加富有。保守派以及主流媒体目前对全球变暖建立的框架采用了否认和恫吓手段，比如声称解决全球变暖费用太过昂贵，会破坏美国的经济，造成大规模裁员，增加能源依赖等。独立研究指出，这些都是虚假的主张。但当富人把控了公共媒体的报道内容，就能够通过对语言和图像的控制，实现对公共话语和公共思考机制的控制。有着巨大财富的人能够轻松抵挡全球变暖的效应，反之，全球变暖的效应越严重，中下阶层就越痛苦。

全球变暖是我们这一代人面临的最大的道德问题，富人财富的加速积累则紧随其后。它们一起构成了一种明确而现实的威胁，不仅针对美国，也针对全世界。

经济发展

只从不平等的角度为皮凯蒂的洞见建立框架，不考虑它跟全球变暖及其他重大议题的关系，造成了重大的系统性后果。皮凯蒂在传统经济理论当中展开了讨论。他估计，如果经济增长 G 保持在每年 2% 以下，那么原则上（再搭配以恰当的政治举措），R 可以维持在 G 以下（按 GDP 衡量的经济发展）。

但增长是有着复合指数效应的。经济增长意味着人口增长、资源利用增长、全球变暖加剧、天气灾害增加，以及自然世界的加剧萎缩。放到 50 年的范围内，哪怕是 2% 的增长，这种影响也相当可观！

一旦开始谈论全球变暖，增长本身就成了问题——人口增长。为了这部分增长的人口，全球的生产也必须增长，随后就是粮食需求增长，能源需求增长，自然资源需求增长等。为了避免全球变暖导致灾难，矿物燃料的使用就必须改变。在所有这些领域中，以增长为基础的经济（哪怕只是低至 2% 的增长）都无法阻止全球变暖所导致的灾难。

为此，我们必须设计出一种新的“可持续”（也就是无增长）的模型。如果真的存在这种经济模型的话，皮凯蒂的洞见怎样与之达成协调呢？

这是一个必须要问的系统性因果问题。例如，人口增长的主要因素似乎是女性教育，还有避孕措施的获取和使用情况。女性教育受到贫困的影响，但同样也受文化的影响。某些文化鼓励人口增长，这使得控制全球变暖变得更为困难。这不仅仅是 R 是否高于 G 的问题。

交织的系统效应

本书的一个主要观点是，框架可能会产生巨大的系统性影响。未能建立恰当的框架，也可能会产生巨大的影响。只从不平等的角度为皮凯蒂的洞见建立框架，将会遗漏我们刚才讨论的大部分内容，尤其是系统性影响这一点。

框架事关思考，事关最深刻层面上的认识，事关你大脑中有着最强突触的回路，事关改变无意识、自动化、毫不费力的理解，也就是常识。框架变化本身是一种系统性影响。大量的框架都有待改变，但我们该如何实现这种整体变革呢？

最主要的是，我们要针对进步道德体系以及进步民主观加强框架建设。换句话说，我们必须关心其他人，关心那些我们从未见过、很可能永远也不会见面的公民同胞，并认识到私依赖于公的事实。

反过来说，上述的一切，取决于另一种系统性影响，也就是语言和大脑对公共话语的影响，还有大学未能传授此种影响的影响。

企业代行政府之责议题

正如我们所见，有许多事情在美国普通公众心中并没有建立起框架。它们迫切地需要建立框架，其中最值得注意的是：

- **富人掌握的财富失控。**最富裕人士所占的财富份额呈指数级增长，而其他人的财富份额则相应地下降。倘若缺乏恰当的框架，大多数人会感受到这一后果，却无法理解背后的系统性成因。
- **失控的气候灾难。**地球正在危险地迅速变暖，而且这种变暖正系统性地引发包括极寒在内的气候灾害。不了解系统性影响，人们就会把极寒视为对全球变暖的否定。
- **公共资源失控地走向私有化。**私有赖于公，但保守派正在大力削减公共资源的资金，同时推动私有化。他们说政府不管用，并通过削减资金，让政府停止运转。而通过削减针对所有人的政府资源，保守派就能让民主停止运转。

除此之外，这里还有一个日渐流行起来的重要框架：

- 宪法仅适用于人类。

概念隐喻没有法律地位。我们通常会在思考时使用成千上万的概念隐喻，但法律并没有明确地赋予它们在法律中扮演任何正式角色。就法律而言，无处不在的隐喻性想法并不存在。但实际上，无意识的概念隐喻确实存在，而且无处不在，它们有着这样那样的后果。法律与人类大脑及思想之间的这种差异，还没有建立框架，它不属于大多数人的日常意识或话语。但与此同时，由于最高法院的部分裁定——企业是享有宪法权利的人，这个重要的隐喻已经进入了国家意识。

在这里，反身性也出现了。正如本例所示，法院做出的裁定能够把隐喻变成板上钉钉的事实。而被当成事实接受下来的隐喻，引发了更多的法院裁决，扩展了这些隐喻。

把隐喻变成事实的力量，可以是一种令人敬畏的力量，一种有着巨大政治影响的力量。“企业是人”的隐喻蕴含着巨大的政治影响，有必要在这里进行一番讨论。不过，我们还是先来看看构成它根源的两种强大的隐喻。

两种常见的隐喻

研究隐喻思想的认知科学家发现，我们或自觉或不自觉地采用着两种常见的隐喻，这两种隐喻与“企业是人”的隐喻有关系。

隐喻一：多个即群体（Pluralities are groups）。这个隐喻为个体赋予了群体特性，不管这些特性是必要的还是不必要的。这样一来，在人们的感觉里，群体就成了有着不同特性的实体，群体里的个体也就变得模糊了。让我们来看看其中的这两个关键词：

- **“多个”由未集结成群的人、动物、植物，或者其他分开考虑的东西组成。**例如，许多人都搭乘地铁，但除了搭乘同一趟地铁，他们不一定属于任何群体的一部分。他们是“多个”，但不一定有共同的特征、目标或职能。
- **“群体”是一个实体，在隐喻的概念上充当着承载其他实体的容器。**群体可以拥有与群体里单个实体不同的特性、资源、目标和职能，很多时候也确实是这样的。

一旦在隐喻中将这两者结合起来，我们就会以不同的方式思考“多个”的概念。例如，俱乐部、教会、协会等可以是有钱、有房屋、有法律责任和义务的，它们可以遭到起诉，法律也可以对它们的产业施以留置权，但它们不适用于任何个体成员。同样，企业可以遭到起诉，企业的股东作为个人，却可以免受此类起诉。

隐喻二：机构是人（Institutions are persons）。如果你问别人机构是不是人，大多数人都会说不是。实际上，我们对两个词的定义是截然不同的。

- **机构是一个抽象的实体，被概念化地隐喻为人的容器。**机构通常是根据其目标、资源，以及机构中人的不同职能、责任和特权来定义的。机构的定义独立于身在机构、为其履行职能的人。

- 人指的是人类（human being）。人类拥有目标和资源，通常也有责任和特权，要履行职能。人类还拥有机构所没有的特性：身体和大脑，感受和情绪，欲望和信仰，身体机能和需求，以及社会角色，思考和沟通的能力。

但长久以来，上述概念就存在于我们的大脑之中。在理解和讨论机构的时候，我们不断地使用这一隐喻思考模式，比如美国环保署对法院的裁决感到失望，美国职业棒球大联盟希望杜绝滥用药物提高成绩的做法，斯坦福认为在线课程是个好主意，伯克利受到校园强奸的困扰，等等。

数千年来，“多个即群体”“机构是人”这两个概念化隐喻就存在于世界的许多地区。在许多情况下，它们得到了法律的承认。罗马法将某些商业和宗教团体视为具有人类特性的机构：目标、资源、职能、责任和特权。今天，我们仍然在隐喻当中将人类的这些特性用到机构上。

两种隐喻的发展历史

把人类特性用到机构上的做法，有着悠久的历史。例如，中世纪教会将修道院视为具有目标、财务、责任和特权的机构，它跟人的不同之处只在于它没有灵魂。在英国，“公司”是代表股东和英国王室经济利益而获得排他性权利（“特许状”）的机构，东印度公司是其中最成功者之一。

马萨诸塞湾殖民地由马萨诸塞湾公司的所有者创立，该公司拥有在新英格兰地区开展业务的特许状。1623 年，“政府是企业”这一隐喻性概念伴随着马萨诸塞湾公司来到美国，此后便成为美国政治生活的一部分。

1819 年之前，“机构是人”的常见概念性隐喻开始应用于企业，并仅限于目标、财务、责任、特权等事项。但这种非常普遍、具有局限性的企业人格观，与赋予企业宪法权利的观点有着极大的不同。后者把“企业是人”的隐喻带出了正常的概念性隐喻范畴，进入了法院权力领域。

1819 年，美国最高法院在达特茅斯学院受托人诉伍德沃德案中做出了一个重要的决定。在美国独立战争之前，国王乔治三世授予达特茅斯学院公司一份公司特许状，把新罕布什尔州的土地授予它，准许受托人管理学院的权利。1819 年，受托人废除了大学校长。新罕布什尔州的立法机构大感愤怒，通过法律剥夺了学院从乔治三世国王那里拿到的特许状，让州行管理之责，在事实上将达特茅斯学院变成了州立学院。受托人向州提起诉讼，其代理律师丹尼尔·韦伯斯特（Daniel Webster）在最高法院上，当着首席大法官约翰·马歇尔（John Marshall）的面为之慷慨陈情。法院裁定，尽管所有的政治尝试都遭国王切断，该特许状仍构成了与国王签订的“合同”。法院认为，该合同属于宪法的合同条款，该条款禁止州通过法律推翻合同。虽然宪法中的规定适用于人与人之间的合同，但法院认为它同样适用于公司之间。达特茅斯学院仍为私有，受托管人控制。与此同时，最高法院越过了一条线。一项原本赋予人合同与财产权利的宪法条款，现在适用于公司了。而且，一家机构，即英国王室，现在被视为一个真正的人——乔治三世国王。

1868年，美国宪法第十三、十四和十五修正案获通过，解放了奴隶，根据法律给予他们平等的保护，并保证他们拥有投票权。第十四修正案的第一条如下：

> 所有在合众国出生或归化合众国并受其管辖的人，都是合众国的和他们居住州的公民。任何一州，都不得制定或实施限制合众国公民的特权或豁免权的法律；不经正当法律程序，不得剥夺任何人的生命、自由或财产；在州管辖范围内，也不得拒绝给予任何人以平等的法律保护。

这些修正案出台的前几年，大型工业、银行和铁路借助企业的形式变得富有而强势。许多州都着手规范它们，并限制它们的权力。第十四修正案的通过本来是为了保护从前的奴隶，但铁路公司兜了个圈子，绕过了这些限制。

铁路公司的假设恰恰与“多个即群体”的最初隐喻（认为群体实体的特性与群体成员的特性不同）相对。那时的“多个即群体”隐喻将群体的特性等同于其成员的特性。铁路公司争论说，企业是人，有着与受宪法保护的人相同的特性。他们为此争辩了差不多20年，一直没有成功。但是他们把这个观点带进了公共话语，特别是受雇于铁路公司的员工之中。

到了 1886 年，铁路公司找到了突破口。他们向美国最高法院提起了 4 桩涉及税收的案件，其中包括圣克拉拉县诉南太平洋铁路公司案。圣克拉拉县有一项税收规定，允许正在偿付物业抵押贷款的人从税款中抵扣贷款金额。南太平洋铁路公司有一笔巨额抵押贷款，希望从其税收中扣除抵押贷款成本，这将为铁路带来大量的利润，却会让圣克拉拉县的税收遭受惨重损失。

该案件在最高法院进行辩论，首席大法官莫里森·韦特（Morrison Waite）主持聆讯。韦特此前曾是一名铁路律师。法庭记录员是 J. C. 班克罗夫特·戴维斯（J. C. Bancroft Davis），他曾是一家小型铁路公司的总裁。

公司人格的先例于本案确立。但先例并非来自案件中的任何论据，也不是来自大法官书面赞成或反对的任何论据，而是来自韦特的一句口头评论，并由戴维斯记下。这句评论只出现在案件的眉批里，除此之外再不见于他处。眉批引用韦特的话说：

> 本庭不希望听到有关如下问题的争论：宪法第十四修正案的条款（禁止任何州否定其辖区内任何人获平等法律保护的权利）是否适用于这些企业？我们认为它确实适用于企业。

这开创了先例，并为其后的案例所引用。

在我们浏览案例清单的过程中，请记住，英国普通法对公司及其股东的定义，在法律上区分了股东的财产和企业的财产，从而使得股东免于承担企业的债务，这也是有限责任公司的来历。以下的每一项法院裁决都违反了公司的这一基本特点，把股东所享受的某些宪法权利自动赋予了公司——正当程序的宪法权利，言论自由（通过捐赠给政治活动的资金和花在媒体上的钱来表达）的宪法权利，宗教自由的宪法权利，以及免于无理由搜查、扣押、双重追诉的宪法权利。

在 2012 年总统大选中，米特·罗姆尼说了一句话："公司是人，我的朋友们，公司所赚的一切最终都归于人。"他忘记了说公司是什么样的人。

1889 年，法院公开授予公司第十四修正案的正当程序保护；1893 年，授予公司第五修正案免于双重追诉的权利；1906 年，授予公司第四修正案免于无理由搜查和扣押的权利；1978 年，授予公司第一修正案为竞选拉选票活动捐赠的权利。

最后一个案例扩大了这个隐喻的适用范围：虽然公司不能参加民意调查并投票，但作为"人"，它拥有言论自由的权利，因为其股东拥有言论自由的权利。接下来的隐喻更进一步：以投入竞选活动的金钱作为言论的形式，这些钱捐赠的对象不是候选人（真正的人），而是对企业有影响的政策。企业又朝着美国公民的地位迈出了一步。

有趣的是，“企业公民”并不直接与公司人格挂钩，也不依赖于那种一般性的隐喻。它依赖的是另外两种隐喻：

- 金钱即言论。
- “非人”也享有言论权。

这两种隐喻构成了一套逻辑：人们有权想说多少话就说多少话。由于金钱即言论，“非人”也享有言论权，因此，“非人”有权在选举中想花多少钱就花多少钱。

最后一项裁决出自整体上偏保守的最高法院，大法官们的投票是5比4，其裁决深受政治影响。与工会相比，企业在政治竞选活动上花的钱要多得多。这项裁决给保守派带去了巨额资金，自由派却几乎未得半点。正如我们所见，言论不仅仅是发声。如果框架和目标都精心设定，“企业公民”就能让保守派改变双重概念论者的大脑，让保守派赢得选举，让美国从根本上向右转。

霍比罗比超市案和惠顿学院案同样是保守派的胜利。霍比罗比超市案的裁决将第一修正案的宗教自由权，授予由家庭和小群体（其中一半此类企业最多由5人控制）牢牢把持并经营的企业。这次给出的权利是一项新权利：如果一小部分公司的业主或控制人认为，适用于企业的法律违背了自己的宗教原则，则可忽略其规定。

这是“机构是人”隐喻对宪法第一修正案权利的一种不同的全新

隐喻延伸，它带来了大量基于自我定义的宗教原则，豁免法律规定的权利主张。简而言之，它使公司凌驾于法律之上。这将是“企业代行政府之责”合法化的一步。

企业代行政府之责的后果

这是一项激进的保守政治决定。为什么？因为激进的保守派想要消除政府的公共资源和公共属性，也就是通过人类立法者制定的法律来进行治理。这样，政府立刻就从公众领域转向了私人领域，从人类领域转向了非人类领域。这又为我们带来了另一个在公共话语中尚未建立的框架的真相：公司掌控着我们的生活。

随着企业把指数倍积累的财富投入到改善人们生活的创新技术当中，企业实现了许多伟大的创新：计算机技术、电信、制药和医疗设备、运输，等等。据我所知，所有这些改善了人们生活的创新产业，归根结底都是由公共资源促成的：政府资助的研究和大学教育，促成了计算机科学、人造卫星、医学研究和培训。每一个伟大的企业创新故事，都为私依赖于公的真相增添了光彩。

但因没能建立起概念框架而导致无人提及的是，企业财富失控积累所带来的负面效应。以下是一份简短的清单：

- **公司游说和政治捐款增加。**在范围极广的一系列议题上，这些效应基本上都是有违公众利益的，企业甚至会通过自己捐赠的立法者之手来制定法律。“企业公民”的决定极大地加剧了这一效应。

- **成本愈发外化。**公司越有钱，就越能够运用自己的政治影响力避免监管。最终，它们可以将经营成本转嫁给他人，从而进一步增加利润。这种情况有个花哨的名字，叫作“成本外化”。

一个典型的例子就是企业倾倒危险废物，却让纳税人来偿付清理费用或遭受损失。使用水力压裂法开采石油或天然气的公司，往地面上直接倾倒污水；在压裂开采过程中撕裂土地，开采完毕后并不将其还原；朝着多孔的页岩注入大量有毒花絮物质，污染饮用水和农业用水。想想看，企业做了这一切之后，会发生什么样的情形。负担从私营公司转移给了公众。当然，最好的例子是公司排放温室气体，导致全球变暖。成本全部倾倒在了你的头上：你支付了更多税款，减缓气候变化或在严重的风暴后清理灾区；又或者，在严重的旱灾过后，你花更多的钱购买蔬菜。

即便你花时间搜索公司网站，打电话排队等着向公司的客户代表投诉，成本还是外化了：公司聘用的客户服务人员太少，提升了利润，却白白浪费了你的时间。加油站、超市和大型商店形形色色的“自助服务”，听起来像是在为你提供便利，其实却是让你免费为公司干活。

- **由于垄断所有权，消费者的成本增加了。**例如，一些没有竞争对手的互联网提供商，有可能会收取高额费用，却只提供最低限度的服务，让客户忍受过高的成本和糟糕的服务。

- **服装制造商限制尺码选择范围。**许多服装制造商只生产适合大多数正常人群的服装尺码，因为这么做比为所有客户提供完整的尺码更赚钱。
- **有违道德的商业行为变本加厉。**例如，通用汽车公司明知汽车存在致命缺陷，却仍然销售该型号，公司员工在知道危险的情况下仍对客户保持沉默。
- **企业效率低下。**任何在大公司工作的人都对企业效率低下很熟悉。例如，较之全民医疗保险，健康保险公司的低效成本极高。公司会尽可能地将这些低效成本转嫁给消费者。
- **提高企业管理层薪酬，追求短期利润的压力增大。**当巨富指数倍地变得更加富有时，其他所有人都会指数倍地失去财富，这就不可避免地会出现追求短期利润的压力。当企业管理者负责运营企业财富，他们自然存在动机去获得指数倍增长的财富。

在很大程度上，企业掌控着人们，也管理着人们的生活，其目的是为自己谋取利润。类似的例子举不胜举。而从某种程度上说，皮凯蒂指出的财富失控，正是企业代行政府之责导致的结果。

皮凯蒂指出，政治解决方案是必要的，但如果企业通过游说极大地左右着我们的政治，那通过政治解决问题的可能性就大大降低了。

保守派反对“政府”，说它剥夺了我们的自由。但企业代行政府之责，恐怕会更多地剥夺人们的自由。

企业代行政府之责是一种尚未建立框架的重要现实，它与富豪们失控地积累我们所创造的财富有着系统性的联系。个人和企业财富失控对我们的政治产生着系统性的影响，两者都与全球变暖威胁地球未来有着系统性的关联，也与我们的政治产生根本分裂（进而对民主产生可见的威胁）有着系统性的关联。但这些问题，在政治话语中都尚未建立起框架。

06

答疑解惑：详解关于框架的 14 个问题

任何对框架和道德政治进行的简短讨论，都会留下许多未曾解答的问题。在这里，我列出一些最常见的问题。

问题 1：严父式和抚养式家长有点不对称。为什么前者是男性的，后者却是性别中立、可男可女的呢？

在严父式模型中，男性和女性的角色是非常不同的，父亲是中心人物。严厉的父亲是家庭的道德权威，是掌控家庭的人。母亲可以给予关爱，但不能保护、支撑家庭。孩子做错事时，母亲不够严厉，无法施以惩罚。“等爸爸回来有你好看的”这个说法，就提及了严厉的爸爸。在这种严父式模型下，妈妈应该维系严厉父亲的权威，因为她们本身没有能力做这项工作。

抚养式家庭模型就没有这样的性别区分。父母双方的存在都是为了抚养孩子，让他们长大后变成抚养者。这并不意味着现实里就没有两性的家务劳动分工，只不过它们并不属于抚养式家庭模型的内容。

当然，这些模型只是范式，是理想化的、不完整的、过分简单化的模型。这种模型必然有别于现实世界，比如有严厉的母亲、单亲家庭，等等。

问题 2：戴维·布鲁克斯（David Brooks）等保守派评论家称共和党为“爸爸党”、民主党为“妈妈党”，你赞同这种叫法吗？

布鲁克斯和其他人都认可“以国为家”的隐喻，也认可保守的共和党政治背后是严父式模型。但“妈妈党”这样的描述仍然是他们根据自己保守的严父式模型提炼出来的。他们称民主党为“妈妈党”的意思是，尽管民主党人可能是一些充满关怀和爱心的人，但不够强硬，不够现实，做不好自己的工作。

从民主党自由主义、进步主义的立场来看，这显然是完全不准确的。在抚养式家庭中，父母双方不仅要付出关怀，还要足够负责、足够强硬地去履行自己的职责。这跟保守派轻蔑的形容完全不一样。民主党有能力保护整个国家，带来繁荣。

保守派似乎不明白抚养式道德对家庭、国家是怎么一回事。他们总觉得一切不够严厉的观点都是“放任自流”。但抚养式的养育和放任自流毫无关系，它强调的是教育孩子对自己负责任，能对别人共情、负责，强调把孩子养育得足够强大，获得良好的教育，履行个人的责任。保守派嘲笑自由主义者放任自流、支持“感觉良好”的道德，即只要感觉良好，什么事情都能做。保守派根本没弄懂进步派的理念，他们似乎完全不明白“责任”和“放任”之间有着巨大的差异。

问题 3：严父式模型是否意味着保守派不爱自己的孩子，抚养式模型是否意味着进步派不相信纪律呢？

绝非如此！在严父式模型下，体罚做了错事的孩子，给他造成足够的疼痛，这是爱的一种形式——“严厉的爱”。施加“爱的惩戒”是一种义务，事后可以给予孩子大量的拥抱，或者做出其他关爱的行为。只不过，“爱的惩戒”是重中之重。

在抚养式模型下，纪律不是通过痛苦的体罚来表现的，而是通过共情来敦促的。父母确立负责任的行为有哪些，对父母的期待以及为什么有这样的期待进行公开讨论，如果孩子不合作，就取消与合作相伴随的“特权”，如“时间到了”或者“你今天不能出门了”。用抚养方式带大的孩子，无须体罚也能获得积极向上的内在纪律。这种纪律是靠着对合作的赞许、理解合作带来的权益、明确的指导、开放的讨论、父母言传身教等抚养价值观来实现的。

问题 4：这两套模型有哪些复杂的地方呢？

第一，美国文化中几乎每一个人，都或主动或被动地同时具有两套模型。例如，要看懂约翰·韦恩的电影，你必须在大脑里有一套严父式模型，哪怕是被动的。你可能不靠这套模型生活，但你可以利用它来理解渗透了我们整个文化的严父叙事。抚养式叙事同样渗透了我们的整个文化。

第二，很多人会同时使用这两种模型，只不过将其用在生活的不同方面。例如，一名女律师可能在法庭上是严父式模型，在家里却采用抚养式模型。

第三，你可能是在一种模型下长大的，但成年后你抛弃了它。许多自由派人士都曾在严父式模型下度过了悲惨的童年。

第四，这两种给定模型都有三重自然的维度变量：理想主义 / 现实主义维度，激进 / 温和维度，手段 / 目的维度。

不管是进步派还是保守派，都既可能是强硬的理想主义者，也可能走现实主义路线，也就是出于现实世界可操作性或政治可行性的原因，在具体提案上达成妥协。

此外，进步派和保守派也都可能在激进 / 温和这一维度上存在变化：变革的数量有多少，变革的速度是怎样的。因此，激进的保守理想主义者不愿意妥协，并主张展开最迅速、彻底的改变。

顺便说一下，“保守”（conservative）这个词并不意味着要保护什么东西，它的核心是严父道德。因此，“激进保守派”并不是一个矛盾的说法。事实上，罗伯特·赖克（Robert Reich）在《理性》（*Reason*）

一书中，就用了“radcon”（激进又保守）这个词来讨论激进保守派。从这个角度来看，“温和派”同样既可以指保守派，也可以指进步派，他们态度务实，希望缓慢变革，一次只修正一点点。人们有时会说，还有第三种温和的模型，有别于其他两种，但我目前还没有看到有谁明确地提出这样一种模型。

还有一种常见的变量出现在目的和手段的区分上。有着进步派政治观（抚养式的目的）的人，也会有严父式的手段。还有好斗的进步派，其中独裁的反独裁主义者是最极端的例子：目的是反独裁，却使用了独裁的严父组织方式。

最后，进步派和保守派也各有不同的类型（特殊情况）。这一点我们已经讨论过：进步派分为社会经济进步派、身份政治进步派、环境保护主义者、公民自由进步派、精神进步派和反独裁进步派这几类；保守派则分为自由意志论者、新保守主义、华尔街保守派和茶党这几类。它们都属于抚养式和严父式模型的案例，但每一种都有不同的思维形式。

问题 5：重新建立框架听起来有点操纵、摆布的意思。框架和斡旋（spin）、宣传（propaganda）有什么不同呢？

框架是一种常态，我们所说的每一句话都有框架。我们说起自己相信的东西时，就使用了自认为相对准确的框架。保守派使用“税收缓解”的框架，他们可能真的认为税收是痛苦的负担。然而，框架是可以用来操纵、摆布公众的。举个例子，《净化大气法案》取了这样的名字，却加重了空气污染，这就是操纵性的框架。保守派用它来掩盖自己的弱点，即公众不喜欢空气污染，那就给它取一个表达相反框架的名字。这才是纯粹的操纵和摆布。

斡旋是使用框架来操纵、摆布事实。人们碰上或者说了什么尴尬的事情时就会“斡旋”，试图给它套上一层无辜的框架，让尴尬的事情显得正常，甚至还挺好。

宣传与斡旋类似。它指的是，为了获取或维护政治控制，尝试让公众接受一种不真实或者人们早已知道不真实的框架。

我所提议的重建框架既不是斡旋，也不是宣传。进步派需要学会利用自己真心相信的、传达自己真实道德价值观的框架来进行沟通。我强烈反对使用欺骗性的框架。我认为它应当遭受道德谴责，而且根本不实用，因为欺骗性的框架迟早会露馅。

问题 6：为什么进步派不利用楔子议题？

保守派一直在思考怎样策略性地利用概念，进步派却没有，但我们是完全可以这么做的。我们可以很好地利用楔子议题。它们就在我们身边，比如清新的空气、干净的水等。保守派也想要清新的空气和干净的水，我们可以把它们打造成楔子议题。

假设有一场建设无毒害社区的活动，从汞这种有毒害物质开始，接着扩展到以各种形式进入空气和水源的其他有毒害物质。这就能够造就出一个有效的楔子议题，分裂保守派：总有些人关心自己及子女的健康甚于一味地反对政府监管。这个议题能创建起“监管有利于健康，反对监管会危及人们的健康”的框架。

这也是一个“滑坡议题”。一旦你让人们注意到了汞从哪里来、如何进入我们的环境中，也就让人们开始思考怎样清理它对环境所造成的后果。然后，你就可以顺理成章地过渡到下一种有毒害物质。

这不仅仅是一个关于汞和环境污染的议题，更是一个有关抚养式道德的问题。楔子问题是整个道德体系的替身。例如，堕胎这个议题体现了保守派想要对女性施加的控制权以及他们的道德层级秩序，因此，堕胎议题成了整个严父道德观的替身。同样，进步派也可以找到各种楔子议题来充当自己道德观的替身。

问题 7：什么是战略举措？它和常规决策有什么不同？

战略举措分为两种，其中一种是我曾说过的“滑坡举措”。“滑坡举措”指的是让人迈出看似毫无目的的第一步，然后它却能带着符合你心愿的框架进入公众视线。一旦迈出了第一步，就必须得迈出下一步，那下下一步以及后面的举动就很容易了，甚至是不可避免的。

保守的最高法院采取的是“滑坡举措”，一步一个脚印。让我们来思考一下以下进展。首先，最高法院允许公司作为第一修正案言论自由权的一种有限形式参与投票活动。其次，保守派的公民联合决定赋予企业在选举中尽可能多地做出贡献，作为一种言论自由的形式。他们通过霍比罗比超市案将第一修正案的宗教自由权利扩大至企业，这样他们就不用按照“平价医保法案”为女性雇员提供避孕服务，从而为企业更广泛地使用宗教自由权利逃避各种公平待遇的法律打开了大门。

让我们再来看看另一个例子。保守派曾尝试一个一个地削减社会福利项目，但后来他们想出了一个一劳永逸的办法：通过减税，取消所有的社会福利项目。减税是一个战略举措，但不属于滑坡举措，它的层次更深，能在许多领域造成深刻影响。如果他们减了税，制造了庞大的财政赤字，那么所有的社会福利项目，不管是贫困儿童的医疗保健，还是截瘫患者服务，就都没钱了。于是，你把健康、教育、执行环保法规等领域所有的社会福利项目都一刀砍掉了。同时，你还奖励了你眼中的好人，也就是富人，因为他们有着足够的自律精神。

还有其他类型的战略举措。以堕胎议题为例，允许女性自己决定是否终止妊娠，极大地违背了严父式模型的整个概念。在严父式模型下，只有父亲才能决定妻子或女儿是否应该堕胎。女儿的性行为由父亲控制，一旦女儿有了爱人，父亲就失去了控制力。如果父亲想要维持对家庭的控制，家里的女性就不能自由地控制自己的性活动，不能自主地控制自己的生育权。出于这个原因，堕胎本身并不是天然的政治议题，只有在关系到美国人的生活是否应由严父道德来主宰时，它才会变成政治议题。堕胎是一个更大议题的替身：严父道德观能够继续支配美国吗？

问题 8：要为议题重新建立框架，只需要想出一些朗朗上口的说法，来替换保守派的说法就行了吗？

不！重新建立框架不能只靠语言和文字，最关键的是观念。在朗朗上口的说法让人理解之前，观念要先在人们的大脑里扎根。例如，“公用品”（the commons）这个观念指的是我们的共同财产（common inheritance），如空气、电磁频谱（带宽）等。这些是全人类的共同财产，大多数人会称之为“公用品”。然而，共同财产以及要将它为共同利益所用的观念，尚未成为大多数人日常使用的框架结构。出于这个原因，你不仅要为公用品想出一个朗朗上口的说法，还要让大多数人理解它、认同它。

问题 9：共和党已经有了庞大的基础设施，进步派该如何迎头赶上呢？

进步派知道应该在媒体上投资，但很多时候，他们不知道还必须在框架和语言上投资。进步派拥有的一大优势是：尽管保守派花了 30 多年，用了数十亿美元，找了 43 家机构重新建立了政治辩论的框架，以让自己主场作战，但是进步派可以让科学为自己所用。通过认知科学和语言学，进步派了解到保守派是怎么做的，也知道自己该如何依靠更少的资源，在短得多的时间里达到相同的效果。甚至，进步派还可以效仿保守派做语言训练的方法。

遗憾的是，许多进步人士认为，这些事情可以靠广告代理机构和民意调查来完成。这是不对的。你真的需要语言学家和认知科学家、可持续的深度讨论平台，以及在政策制定者和公众面前坚持展开有意义的对话。

问题 10：洛克里奇研究所与其他进步派智库有什么区别？美国还有其他从事框架研究工作的智库吗？

洛克里奇研究所完全致力于从政策及语言学的角度重新确立公共辩论框架。其他进步派智库有其他的任务：回应右派发起的行动，反驳保守派的指控，在保守派说谎时指明真相，构建进步派可以采用的具体政策等。所有这些都是重要的任务，但它们并不能取代构建框架的任务。

据我所知，目前美国只有一家智库致力于从政策和沟通两个角度研究整体框架问题，它就是威斯康星州的展望研究所（Forward Institue）。该研究所致力于帮助威斯康星州进步人士从进步视角为本州议题建立框架。展望研究所研究了本州的议题框架，并做了培训师培训，与全范围的进步派合作——从各级别的政治领导人，到工会领袖、教师、美国原住民、环保主义者、公民志愿者，以及所有愿意采用进步框架在本州各地公开发言的人。该机构刚刚迈出尝试的步伐，它能不能成功筹措到所需要的资金，只有时间才能做出判断。

问题 11：讨论税收问题的时候，用“税收缓解”的说法有什么不自然的地方吗？我是个进步派，但我不得不承认，税收有时候确实是负担。

学校的课业是负担，但要想学到知识，你必须去做；运动是负担，但要想保持良好的体形，你必须去做。如果我们想对国家的基础设施进行明智的投资，以让它在未来带给我们回报，那纳税就是必不可少的。这里就包括医疗和教育投资，以让负担不起它们的人也能得到良好的医疗和教育。医疗和教育是明智的投资，因为它们带来了受过教育的公民、受过教育的劳动力大军、健康而高效的工作队伍。这些是政府征税的实际原因，其他原因还包括公共服务，如警察和消防、抢险救灾，等等。

与此同时，征税还有道德上的原因。教育和卫生是美满生活的重要因素，而美国的最终目的，就是让人民过上美满的生活。《独立宣言》中大谈追求幸福，并将之与自由联系起来是有原因的。原因就在于，两者是如影随形、密不可分的。没有自由，生活就无法美满。因此，把税收理解为投资，是出于实践上的原因；而把税收理解为向国家履行义务，则是出于道德上的原因。

问题 12：面对共和党的战略举措，你该如何直接回应呢？

你不能直接回应，这就是为什么我说保守派很聪明。减税的目的不是减税，因此你不能单纯地回应减税。减税的目的是取消所有社会福利项目和商业监管。教育券和学校考试的终极目的不是教育券和学校考试，而是对教育内容施以保守派的控制。为了做出回应，你必须把单独的议题放进一个符合你的自身认识、符合你对局面理解的大框架下。侵权法改革不仅仅是关于侵权法改革的，它是要让企业可以不受限制地行事，是要切断民主党的资金来源，因为庭辩律师是民主党资金的重要来源。

你不必回应战略举措，你需要做的是，从自己的观点出发，重新建立议题的框架。你可以从自己的框架讨论战略举措，或者它的部分环节。以侵权法改革为例。庭辩律师是真正保护公众的律师，侵权法是保护公众的法律。倘若侵权法为索赔主张和庭外和解设定了上限数额，那么它就有效地取消了陪审团裁定索赔主张的权利。也就是说，它关上了法庭的大门，让法庭变成一个封闭的地方。公开审判时有陪审团，由陪审团来决定索赔主张是否属于公众保护的范畴。大数额的庭外和解往往与保护公众的议题相关，也就是出了案件本身的范畴。公开审判是公众对抗企业或专业人士不法行为、玩忽职守行为的最后一道防线。若保守派谈起诉讼，你不能只是说：“不，不，诉讼才不是毫无意义呢。”相反，你要大谈保护公众，谈公开审判，谈评审团的裁断权，谈公众对抗企业不法行为和玩忽职守的最后一道防线。

问题 13：如果与框架不吻合的事实遭到抛弃，这是否意味着我们应该在论点中放弃事实？

显然不是。事实非常重要，事实是关键。但要想让它们有效地进入公共话语，就必须为之建立恰当的框架。我们必须知道什么样的事实与道德原则和政治原则相关。我们要尽量诚实、有效地为这些事实建立框架。诚实地为事实建立框架，能够牵扯出可以跟其他事实相对应的其他框架。

问题 14：进步价值观跟传统的美国价值观有什么区别？

没有区别。进步价值观就是传统的美国价值观，就是所有我们美国人为之自豪的价值观。

我们为平等和反等级制度的胜利而骄傲：解放奴隶、女性参政、工会运动、军队整合、民权运动、女权运动、环保运动。我们为罗斯福所构想的“民享”（for the people）政府、为他的以希望抗击恐惧的号召感到骄傲。我们为约翰·肯尼迪为国效力的号召感到骄傲，为马丁·路德·金面对残暴坚持非暴力运动的勇气感到骄傲，为西泽·查维斯（Cesar Chavez）[①] 给待遇最差的工人带去自豪与组织的能力感到骄傲。

进步派思想是传统的美国思想，就像苹果派是传统的美国食物一样。进步派想要政治平等，优质的公立学校，孩子健康，老人得到照料，警察保护公民，空气可以呼吸，水源可以饮用，溪流可以钓鱼，森林可以漫步，鸟儿歌唱，青蛙跳跃，城市宜居，企业有道德，记者

① 美国工人运动领袖。——译者注

们报道真相，有音乐有舞蹈，有诗歌有艺术，每个工作的人都能得到一份足以谋生的工资。

争取最低工资、女性权利、健康、选民登记及凡此种种权利的进步派活动家，都是爱国的美国人。他们正在为了更美好的美国而无私奉献。

07

破解语言迷魂阵：夺回话语权的技巧

前面几章旨在解释框架是什么，它怎样通过语言和沟通系统运转，保守派和进步派的世界观分别是什么，双重概念论是什么，哪些深刻的议题有待建立框架。但总有一天，你会来到名叫“餐桌”的前沿阵地。我的学生们经常问：“感恩节就要到了，我要回家跟保守的亲戚们聚餐，还要连续不断地跟我爷爷或姑妈聊政治，真是太痛苦了。我该怎么做？”

以下是一封我在 2004 年撰写本章第一版时收到的信。当时，我上了一档名叫《比尔·莫耶斯脱口秀》(*NOW with Bill Moyers*) 的电视节目，几天之后，节目组就收到了这封信。

> 听了莱考夫博士星期五晚上在《比尔·莫耶斯脱口秀》上发表的意见，我很感兴趣。我喜欢舞文弄墨，也一直为极右势力摆布了这么多的定义而深感困惑。
>
> 因此，我尝试做了一个实验，也想跟你说说。我从节目里选用了几个词语，尤其是庭辩律师与公众保护律师。整整一个星期，我都在美国在线政治聊天室引用这些例子。每当

有人尖叫着说约翰·爱德华兹(John Edwards)是个庭辩律师时，我就会回应说，他是个保护公众的律师。这些律师是对抗玩忽职守、行为失检的企业及专业人士的最后防线。与保护公众的律师相对的是企业律师，企业律师往往每小时挣四五百美元。这样一来，为换取企业提供的商品和服务，我们要支付更多的金钱。

我要告诉你，结果让我大吃一惊。一些我根本不认识的人加入了我的行列，并采取了相同的对策。截至昨晚，聊天室变得彬彬有礼。在我看来数量惊人的刷屏狂人关上了他们的“大喇叭”，我们甚至有了正常的对话。

我会把实验继续做下去，但我真的很想让你们知道，我听了莱考夫博士的节目，很欣赏他的工作，并且尝试将之付诸实践。这真的很有趣。

彭尼·科尔布(Penney Kolb)

这本书正是写给像彭尼·科尔布这样的读者的。进步人士挺身而出，站到了回应保守派论点的位置上：可能是在感恩节晚餐上，可能是在饮水机旁边，也可能是当着听众的面。但由于保守派征用了太多的语言，进步派往往拿不出什么可用的词语来抵挡回应。

迟早，你会走到彭尼的位置上。到那时候，你会怎么做呢？彭尼的本能反应无可挑剔，并为我们提供了一些指导。

进步价值观是传统美国价值观的精华。拿出尊严和力量，为你的价值观挺身而出。你的价值观令你成为一个真正的爱国者。

传统美国价值观曾多次击败严父政治。请记住，右翼理论家说服了美国一半的人口相信，对养育子女而言很糟糕的严父式家庭模型应当支配美国的道德和政治。这一模型曾在历史上反复遭到美国最佳价值观的挫败：奴隶得到解放，女性得以参政，社会保障和医疗、民权和投票权法案，布朗诉托皮卡教育委员会案①，罗伊诉韦德案②。每一次，我们都靠着传统美国价值观将人们变得更加团结。

你的任务是激活对话者本就存在的抚养式进步价值观。请记住，每个人都或主动或被动地同时具备严父式模型和抚养式模型，有时候，人们还会在生活的不同方面主动使用不同的模型。

敞开心扉，维持积极的关系。当学生们问我感恩节晚餐上谈些什么才好的时候，我是怎么回答的呢？我的建议如下：问问你的姑妈或

① 1954 年，黑人布朗和堪萨斯州托皮卡学校教育委员会发生了冲突。布朗认为，这个教育委员会在公立学校实行的白人和黑人相互隔离的制度违反了宪法。美国联邦最高法院审理了这个案件，裁定该州关于学校实行种族隔离制度的规定违反了美国联邦宪法第十四修正案。——译者注

② 很长一段时间内，堕胎在美国并没有合法的法律基础。1972 年，得克萨斯州两个年轻的女权主义者萨拉·韦丁顿（Sarah Weddington）和琳达·科菲（Linda Coffee）试图挑战当时的堕胎政策。她们选中了一名希望堕胎的 21 岁女子，化名为简·罗伊（Jane Roe），亨利·韦德（Henry Wade）则是当时得克萨斯州达拉斯县的检察官。几经周折，1973 年 1 月 22 日，美国联邦最高法院最后以 7 比 2 的表决，确认妇女决定是否继续怀孕的权利受到宪法中个人自主权和隐私权规定的保护，这等于承认美国堕胎的合法化。——译者注

爷爷，在帮助他人的时候，是什么令他们最感到自豪。我的学生照做了，让他们大感意外的是，自己的爷爷或其他亲戚曾做过大量的好事，帮助别人或者表现出某种重要的社会价值。我接下来的建议是：继续与他们谈论这些事情。你们越讨论对他人的共情和责任感，就越容易变得亲近。别想着去转化他们，只需要敞开心扉，维持积极的关系。如果你向亲戚们展现出尊重和喜爱，你也能获得同等的情感回应。

在回应时，表现出你的尊重。如果你不尊重别人，就没人会听你的。你或许不认同他们所说的一切，但你应该知道他们在说些什么。要真诚，别恶意诋毁。如果他们不尊重你，你该怎么办？两错相加仍然是错。置之不理，表现出尊重即可。这需要人格和尊严，那就拿出你的人格和尊严来。

不要拼嗓门儿。请记住，激进的右翼需要文化战争，比拼嗓门儿正中他们的下怀。文明对话是抚养式道德的对话形式。一旦对话文明起来，你就打赢了一仗；一旦你开始叫喊，他们就赢了。

用热情表现愤怒。要是你感到愤怒怎么办？你可以感到愤怒，但需要用控制得当的热情来表现它。如果你失去控制，他们就赢了。

要区分普通保守派和卑鄙的理论家。大多数保守派本身都是很好的人，你会希望把他们内心的善良、好客心和邻里情给带动出来。

保持冷静。冷静代表着你知道自己正在说些什么。

保持良好的幽默感。温和的幽默感表明你自己感觉很舒服。

保持自己的立场。要主动出击，绝不能一味地防守。绝不哭诉，绝不抱怨。你的身体和声音应该表现出乐观。绝不能表现得像是个受害者，绝不申辩。你应该传达热情的信念，而且不失控。要避免弱者的语言，比如说话时抬高音量，同时你的声音应该稳定。

不要陷入对手的成见里。保守派把自由主义者描述成弱者，说他们易怒、优柔寡断、心慈手软、不爱国、不了解情况、精英味十足。不要给他们任何把你套在这种刻板印象里的机会。要事先预料到这些成见，碰到它们时主动解决。

希望对手认真对待你。你通过自己的举止，展现了实力、冷静和控制感；你有推理能力；你具有现实感，热爱国家；你掌握了基本的事实；你平易近人，而非高高在上。至少，你希望你的听众对你心怀尊重，哪怕你们意见不合，但也必须认真地对待你。很多时候，这就是最好的情况了。你必须认可这类情况，你要明白，在一场严肃的比赛中，有尊严的平局就是胜利。

塑造并保持有尊严的形象。许多对话正在进行。对于一场正在进行的对话而言，你的任务是塑造一个有尊严、受尊重的形象，并保持下去。

别指望转化立场坚定的保守主义者。

努力说服头脑中同时存在两套模型的人。对那些头脑中同时存在两套模型、并将其分别使用在生活不同方面的人，你可以取得可观的进展。这些人是你最好的受众，你的任务是占领这些头脑领地。针对双重概念论者，你的目标是用试探的方式，找出他们会在生活的哪些方面使用抚养式模型，比如问他们最在乎哪些事，他们觉得对自己最在乎的人负有什么样的责任，他们怎样履行这些责任。这应该能最大限度地激活他们的抚养式模型。接着，趁着他们的抚养式模型处在活跃状态，把这种模型跟政治联系起来。例如，如果他们在家里使用抚养式模型，在工作上使用严父式模型，那你就多谈家庭，多谈家庭与政治议题有着怎样的关系。举个例子，真正的家庭价值观意味着，当你的父母年迈时，他们不必变卖房产或将期货抵押出去，偿付自己所需要的医疗服务或药物。

避免常见错误。记住，不应该只是否定他人的主张，还要重新建立框架。不符合框架的事实不会带给你自由。只把有违对手主张的事实真相说出来，你赢不了。框架胜过事实，要随时记得重新建立框架。

务必记住：一旦你的框架融入了话语，那么你所说的每一件事就都成了常识。为什么呢？因为常识就是这样的东西：在公认的常见框架下进行推理。

不要从对手的角度给问题构建框架。重新构建框架，使之吻合你的价值观，吻合你的框架。正常的对话惯例要求你直接回答对方提出的问题，这可能会让你觉得有些不适应。但那是个陷阱，我们要尝试改变框架。

要真诚。要使用你真心相信、基于你真实价值观的框架。

使用反问句是个有用的方法。“如果……，岂不更好吗？”应该选择一个以你的框架为假设前提的问题。例如，如果我们能把道路上和摇摇欲坠的桥梁上的大坑都填好，岂不更好吗？或者，如果所有患病的人都能获得治疗，疾病不再扩散蔓延，岂不更好吗？又或者，如果所有的孩子进入幼儿园时就能做好上学的准备，岂不更好吗？

碰到诬陷，躲远点。福克斯新闻节目和其他激进的保守派节目会把你放到一种现实中不可能发生的假设情形之下，保守派主持人会预设框架，坚持到底。你控制不了对话的局面，无法给出说明，对方根本就不认真地对待你，你也得不到足够的尊重。如果是这种锁定了结果的比赛，那就别玩了。如果你想要玩下去，那就重新建立框架，别上当。

讲故事。寻找情节里内置了你的框架的故事，并开始积累。

始终从价值观入手。所有美国人都共同拥有的价值观最合适，比如安全、繁荣、机遇、自由等。选出跟你的框架最相关的价值观，努力在价值观层面上打赢论战。你所挑选的框架，要能放大所有人共同的价值观，比如公平。举个例子，你的叔叔说："我们需要工作权利法。工会太腐败了，都是些黑帮在掌管。他们强迫你加入，拿走你的钱还不做事。"你可以回答："工会带给你自由，不当公司奴隶的自由。没有了工会，公司愿意给你多少工资你都只能接受。有时候，公司还不给你提供养老金和医疗保险，工作时长没有限制，不按规定支付加班费。我不想在自己工作的公司当奴隶，我想跟家人一起吃晚餐，跟孩子共度周末。工会创造了周末，没有工会的时候，人们每个星期工作 6 天，而且还拿着远少于现在的薪水。工会创造了 8 小时工作日，而以前，人们每天白白工作 10 小时甚至 12 小时。工会让你站到了与公司平等的位置上。我希望获得公平的薪水、公平的待遇，在公司里受到尊重，对公司感到满意。我才不想当个奴隶。我付给工会的会费，已经从我多拿的薪水里弥补回来了。"

有备无患。你应该有能力识别保守派使用的基本框架，还应该为自己计划转移的框架做好准备。我在自己的网站上发布过转移框架的分析。例如，减税的支持者说："我们应该摆脱税收。人们知道怎样比政府更好地花自己的钱。"你可以重建框架，这样说："政府已经用纳税人的钱做了非常明智的投资，我们的州际公路系统就属于此类。你没法用自己的退税修好一条高速公路，但政府可以。互联网也是靠纳税人的投资建设起来的，你没法自己制造出互联网。美国的大部分科学进步，都是通过国家科学基金会和国家卫生研究院出资完成的，这都是政府用纳税人的钱所做的伟大投资。计算机科学是用纳税人的钱开发出来的，卫星系统、手机芯片，还有我们迫切需要的神奇药物，都是如此。无论你怎样明智地支配自己的钱，都永远实现不了这些科学和医学上的突破。”

使用楔子问题，让对手不管说什么都会违背他的信念。学生债务问题是个很好的例子。问对方是否相信机会平等，是否相信一个社会应该为人们提供机遇。对此，保守派都是支持的，毕竟他们反对的是“结果平等”。你可以重建框架说：“许多有天赋的穷学生只有靠着政府贷款才能上大学，但这些贷款的利息在 6% 到 12% 之间，这让很多学生背上了一座无力负担的债务大山。学生贷款带来的收入成了政府的利润，安排到了未来许多年的常规基金里。伊丽莎白·沃伦提议将学生贷款的利息降到 3.86% 的低水平，这仍能给政府带来一些利润，填补政府因为给富人免税带来的税务漏洞。学生们能去上大学，毕业之后不必背上沉重的债务负担，不必偿还政府的贷款，而是把赚到的钱花掉，结婚、买房子、生孩子，这些钱都花到了我们的经济里，促进了经济发展，创造了就业。你是希望让穷人能够偿还大学贷款，促进经济发展，创造机会平等，还是希望保住亿万富翁的不公正的税务漏洞，抹杀机会平等？”

对手有可能不够诚实，他嘴里说的目标并非他的真正目标。礼貌地指出对手真正的目标，然后重新建立框架。例如，假设他开始兜售小政府概念，你可以指出，保守派并不是真正地想要小政府。他们并不希望取消军事部门、联邦调查局、财政部、商务部，以及那些支持企业法的 90% 的法院。他们喜欢这样的大政府。他们真正想要摆脱的是社会福利项目，也就是为民众投资、帮助民众的项目。这样的立场与美国的立国价值观相抵触，因为我们的立国目标是要建设一个公民齐心合力、彼此帮助的社会。

对手可能会使用一种表面意思和实际意思恰恰相反的语言，即奥威尔式语言。这正是他的薄弱环节。使用准确描述了他所说内容的语言来给谈话建立框架。例如，假设他说“健康的森林计划”对环境起到了平衡的作用，你要指出，它应该改名为“不留下一棵树计划”，因为它允许并助长了彻底砍伐的做法，破坏了森林以及森林栖息地里的其他生物。“健康的森林”表明公众喜欢森林，不希望森林遭到彻底砍伐，“不留下一棵树”则揭示了对手的弱点。大多数人都希望保持美国的壮美山河，不想破坏它。

我们的目标是让全美团结在传统美国价值观的精华背后。右翼理论家妄图通过一场卑鄙的文化内战分裂美国。他们需要不和、叫喊、辱骂和贬低。我们要用相互尊重的和平对话来打赢这场仗。为什么？因为这真正地表现了沟通层面上的抚养式道德，而我们的任务正是唤起并维持抚养式模型。

以上这些都是重要的指引原则，但其实真正最重要的无非四点：

尊重；

通过重新建立框架来回应；

在价值观的层面上思考和交谈；

说出你真心相信的事情。

致 谢

每天早晨，我的妻子凯瑟琳·弗鲁姆金（Kathleen Frumkin）都会赶在我之前去拿报纸，并对当天最让人愤慨的政治事件做出精准的评论。本书中的大部分内容，就是为了回应她的愤慨和洞见。

帕梅拉·摩根（Pamela Morgan）对本书初版第 1 章中的对话做了编辑。本书初版讨论的许多其他议题，她也帮了不少忙。

AlterNet 网站的执行主编唐·黑曾（Don Hazen），最先提出了写这样一本书的设想，并付出了辛苦的努力来促成此事。他提出了大量的重要问题，在很多方面给了我帮助。

伊丽莎白·韦林以学生和同事的身份，帮我想清楚了本书中的许多概念。

本书中论述的许多想法，选自我和洛克里奇研究所许多相关人士的讨论，这些人有拉里·沃勒克（Larry Wallack）、彼得·蒂格（Peter Teague）、布鲁斯·布德纳（Bruce Budner）、埃里克·哈斯（Eric

Hass）、萨姆·弗格森（Sam Ferguson）、乔·布鲁尔（Joe Brewer）、贾森·帕滕特（Jason Patent）、丹·库尔茨（Dan Kurtz）、凯瑟琳·艾伦（Katherine Allen）、阿莉莎·伍尔夫（Alyssa Wulf）、戴维·布罗温（David Brodwin）、弗雷德·布洛克（Fred Block）、卡萝尔·约菲（Carole Joffe）、杰尔姆·卡拉贝尔（Jerome Karabel）、克里斯滕·卢克（Kristen Luker）、特洛伊·达斯特（Troy Duster）、露丝·罗森（Ruth Rosen）、杰西卡·迪卡米洛（Jessica DiCamillo）、梅琳达·佛朗哥（Melinda Franco）、乔纳森·弗兰克（Jonathan Frank）、凯西·伦兹（Cathy Lenz）、托迪·肖特（Todi Short）和杰西卡·斯蒂茨（Jessica Stites）。

在讨论中贡献了观点的朋友包括：乔治·阿克洛夫（George Akerlof）、保罗·贝尔（Paul Baer）、彼得·巴恩斯（Peter Barnes）、琼·布莱兹（Joan Blades）、韦斯·博伊德（Wes Boyd）、戴维·芬顿（David Fenton）、托尼·法齐奥（Tony Fazio）、保罗·霍肯（Paul Hawken）、阿里安娜·赫芬顿（Arianna Huffington）、丹·卡门（Dan Kammen）、安妮·利波（Anne Lipow，已故）、特德·诺德豪斯（Ted Nordhaus）、杰夫·农贝格（Geoff Nunberg）、卡伦·佩吉特（Karen Paget）、罗伯特·赖克（Robert Reich）、李·罗森堡（Lee Rosenberg）、乔恩·罗（Jon Rowe，已故）、迈克尔·谢伦伯格（Michael Shellenberger）、史蒂夫·西尔伯斯坦（Steve Silberstein）、丹尼尔·西尔弗曼（Daniel Silverman）、格伦·史密斯（Glenn Smith）、乔治·绍罗什（George Soros）、亚历克斯·斯特芬（Alex Steffen）、德博拉·坦嫩（Deborah Tannen）、亚当·韦巴赫（Adam Werbach）、莉萨·威

特（Lisa Witter）、丽贝卡·伍德（Rebecca Wodder）和理查德·亚诺威奇（Richard Yanowitch）。

最后，向框架语义学之父、我在加州大学伯克利分校的同事、有史以来最伟大的语言学家查尔斯·菲尔莫尔（Charles Fillmore，已故）致敬。是他最初让我感受到工作的政治意义所在。每一个意识到框架重要性的人，都应该缅怀他的名字。

译者后记

本书英文初版在 2004 年面世后，凭借在美国公共话语中再造进步的语言框架，帮助奥巴马在 2008 年和 2012 年两次当选为美国总统。然而，到了 2016 年，随着唐纳德·特朗普出人意料地赢得了美国总统大选，保守价值观全面卷土重来，声势日上，进步价值观遭到迎头痛击。

本书的中文版出版于 2013 年，由我执笔翻译。转眼间，时间来到了 2019 年，而我也跟进翻译了本书的英文再版。由于已经知道了这几年来国际政治经济形势所发生的翻天覆地的变化，我再次看到此书时，心情有些难以描述。用一句老话形容，大概是“眼见他起高楼，眼见他楼塌了”。我想本书的作者乔治·莱考夫在 2016 年之后，作为美国政治的局内人，心情一定比我这个海外的旁观者更加难以描述。

这次的全新版，对第一版内容做了大量调整。从这个意义上来讲，一本书内容的删改调整，就是历史曲折前进的侧面写照。

由于个人水平和认识有限，译文中可能少不了出错以及可能会引起误解的地方。如果读者在阅读过程中发现不妥之处，或是有心得愿意分享，请一定与我们联系。

闾 佳

未来，属于终身学习者

我这辈子遇到的聪明人（来自各行各业的聪明人）没有不每天阅读的——没有，一个都没有。巴菲特读书之多，我读书之多，可能会让你感到吃惊。孩子们都笑话我。他们觉得我是一本长了两条腿的书。

——查理·芒格

互联网改变了信息连接的方式；指数型技术在迅速颠覆着现有的商业世界；人工智能已经开始抢占人类的工作岗位……

未来，到底需要什么样的人才？

改变命运唯一的策略是你要变成终身学习者。未来世界将不再需要单一的技能型人才，而是需要具备完善的知识结构、极强逻辑思考力和高感知力的复合型人才。优秀的人往往通过阅读建立足够强大的抽象思维能力，获得异于众人的思考和整合能力。未来，将属于终身学习者！而阅读必定和终身学习形影不离。

很多人读书，追求的是干货，寻求的是立刻行之有效的解决方案。其实这是一种留在舒适区的阅读方法。在这个充满不确定性的年代，答案不会简单地出现在书里，因为生活根本就没有标准确切的答案，你也不能期望过去的经验能解决未来的问题。

湛庐阅读App：与最聪明的人共同进化

有人常常把成本支出的焦点放在书价上，把读完一本书当作阅读的终结。其实不然。

时间是读者付出的最大阅读成本

怎么读是读者面临的最大阅读障碍

“读书破万卷”不仅仅在“万”，更重要的是在“破”！

现在，我们构建了全新的“湛庐阅读”App。它将成为你“破万卷”的新居所。在这里：

- 不用考虑读什么，你可以便捷找到纸书、有声书和各种声音产品；
- 你可以学会怎么读，你将发现集泛读、通读、精读于一体的阅读解决方案；
- 你会与作者、译者、专家、推荐人和阅读教练相遇，他们是优质思想的发源地；
- 你会与优秀的读者和终身学习者为伍，他们对阅读和学习有着持久的热情和源源不绝的内驱力。

从单一到复合，从知道到精通，从理解到创造，湛庐希望建立一个“与最聪明的人共同进化”的社区，成为人类先进思想交汇的聚集地，与你共同迎接未来。

与此同时，我们希望能够重新定义你的学习场景，让你随时随地收获有内容、有价值的思想，通过阅读实现终身学习。这是我们的使命和价值。

湛庐阅读App玩转指南

湛庐阅读App结构图：

三步玩转湛庐阅读App：

App获取方式：

安卓用户前往各大应用市场、苹果用户前往App Store
直接下载“湛庐阅读”App，与最聪明的人共同进化！

使用App扫一扫功能，
遇见书里书外更大的世界！

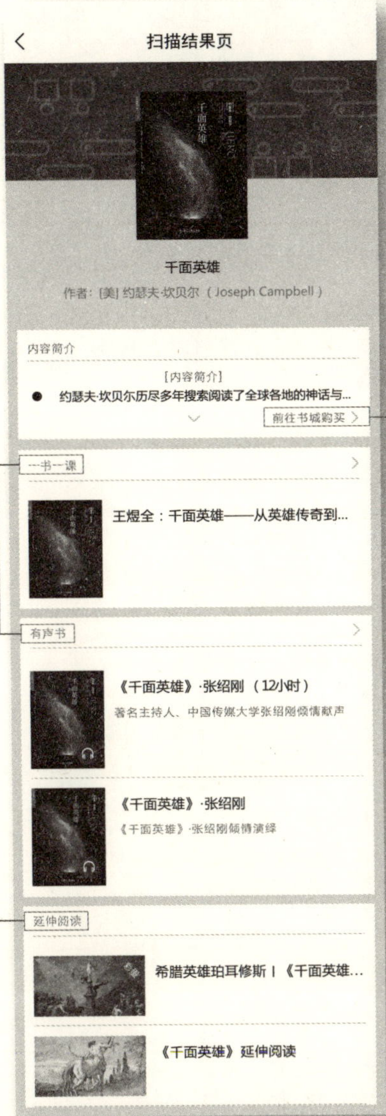

快速了解本书内容，
湛庐千册图书一键购买！

大咖优质课、
献声朗读全本一键了解，
为你读书、讲书、拆书！

你想知道的彩蛋
和本书更多知识、资讯，
尽在延伸阅读！

湛庐CHEERS

延伸阅读

《语言本能》

◎ 一扇了解语言器官、破解语法基因、进入人类心智的大门；一个关于语言问题最权威的答案；一些令人信服、生动有趣的例证；一场常识对谬论的彻底胜利。

◎ 当代最伟大思想家、世界顶级语言学家和认知心理学家扛鼎之作，史蒂芬·平克“语言与人性”四部曲，全美超级畅销书！

使用“湛庐阅读”App，“扫一扫”获取本书更多精彩内容。

ISBN 978-7-213-06655-9

《魏斯曼的演讲大师课1：说的艺术》

◎ 享誉世界的“演讲学教授”经典著作，被福布斯誉为“通财者”和“奇迹魔法师”。从内容到结构，教你如何让演讲变得更有说服力。

◎ 创新工场创始人李开复、红杉资本创始人唐·瓦伦丁、雅虎首任CEO蒂姆·库格尔、思科前高级副总裁休·博斯特罗姆鼎力推荐。

使用“湛庐阅读”App，“扫一扫”获取本书更多精彩内容。

ISBN 978-7-220-11595-0

《征服》

◎ “好莱坞最受欢迎魔术师”、《惊天魔盗团》首席魔术顾问邝大卫重磅力作，教你如何洞悉人心，让他人跟着你的想法走！

◎ 给所有商业、营销、销售、谈判从业者的心理引导技巧，让你像魔术大师一样能够快速、高效地“操控”用户的注意力和行为。

◎ 积极心理学之父马丁·塞利格曼、皮克斯与迪士尼动画工作室总裁艾德·卡特姆、《沃顿商学院最受欢迎的思维课》作者亚当·格兰特、《出版人周刊》等众多大咖媒体激赏推荐。

使用“湛庐阅读”App，“扫一扫”获取本书更多精彩内容。

ISBN 978-7-5536-5593-2

《影响力》（原书第5版）

◎ 风靡全球30年，畅销数百万册的“影响力法则”。学习西奥迪尼经典说服理论，解决说服难题，提升你的影响力。

◎ 新增逾两倍一手案例，更鲜活的服从法则演示，更实用的影响力思考练习。斯坦福大学经典教材，有史以来全球发行量最高的教科书之一。

◎ 全球著名管理学大师汤姆·彼得斯、巴菲特的精神导师查理·芒格、硅谷创意大师盖伊·川崎鼎力推荐。

使用“湛庐阅读”App，“扫一扫”获取本书更多精彩内容。

ISBN 978-7-5596-3059-9

图书在版编目（CIP）数据

浙江省版权局
著作权合同登记章
图字：11-2013-130号

别想那只大象 /（美）乔治·莱考夫著；闾佳译．—杭州：浙江人民出版社，2013.9（2020.5重印）

书名原文：The ALL NEW Don't Think of an Elephant!

ISBN 978-7-213-05699-4

Ⅰ．①别…　Ⅱ．①莱…②闾…　Ⅲ．①辩论－语言艺术　Ⅳ．①H019

中国版本图书馆CIP数据核字（2013）第201008号

上架指导：语言学 / 社会学 / 畅销书

别想那只大象

［美］乔治·莱考夫　著
闾　佳　译

出版发行：浙江人民出版社（杭州体育场路347号　邮编　310006）
市场部电话：（0571）85061682　85176516
集团网址：浙江出版联合集团　http://www.zjcb.com
责任编辑：蔡玲平
责任校对：朱晓阳
印　　刷：石家庄继文印刷有限公司
开　　本：720mm × 965mm 1/16　　印　　张：14.5
字　　数：165千字　　插　　页：1
版　　次：2013年9月第1版　　印　　次：2020年5月第4次印刷
书　　号：ISBN 978-7-213-05699-4
定　　价：62.90元

如发现印装质量问题，影响阅读，请与市场部联系调换。